おいしい話なんて
この世にはない

どん底を見たベテラン芸人が
いまさら気づいた56のこと

TKO
木本武宏

KADOKAWA

はじめに

木本武宏《きもとたけひろ》です。

お笑いコンビTKOの「じゃないほう」と呼ばれていましたが、最近は「投資トラブルのほう」としてご存じの方も増えたと思います。周りからの温かい支援もあって、2023年の1月からコンビとして活動を再開し、8月から47都道府県すべてを周《まわ》るライブツアーの最中です。

僕については2022年7月に「FX（外国為替《かわせ》証拠金取引）」と「不動産」における約7億円の投資トラブルが報道されました。その内容に関しては、後輩を強引に巻き込んだなど、事実無根で正確性に欠けるものもありました。それでも、すべて僕自身の軽率な行動に端を発しているのは間違いありません。テレビ・ラジオの関係者、所属事務所、芸人仲間、家族友人関係など、数え切れないほどの方に迷惑をかけてしまったのも事実です。

おかげさまで、負債を返済して行く道筋が立ち、こうして元気に芸能活動をできていることに、日々感謝しています。

復帰直後に、『転落』（幻冬舎）という小説の形を取った書籍で、相方の木下隆行《きのしたたかゆき》によるパワハラトラブルも含めて、これまでの経緯をできる限り正直に書いていただきました。共著者である浜口倫太郎《はまぐちりんたろう》さんから、小説のための長時間インタビューを受けました。質問に答えながら、自分の性格がどのようにでき上がったのか？　つまり、なぜ僕が「おせっかい」をやいたり、「お説教キャラ」に見られたりしてしまうのか？　どんな道筋でトラブルを招くに至ったのか？　など、改めて自分のたどってきた過程を徹底的に振り返りました。

僕は19歳で大阪松竹芸能の養成所に入りました。以来、定職についたことがなく、芸能の世界しか知らない男が投資トラブルを招いたことについては、いろいろな要因がありました。思い起こせば、自らそれを引き寄せてしまったのです。

日々、反省しながら生き直しているそのタイミングで、KADOKAWAさんから、自身の体験を書籍にしませんか？　とありがたいオファーをいただきました。担当の方は、「40―50代になって、仕事やお金に関する不安や焦りは、性別を問わず誰にも共通するもの。知らず知らずに〝投資詐欺〟に遭っている人も多いのではないか」とおっしゃいます。今回、僕が遭遇した（自分自身が招いたんと違うんか、というツッコミもとうぜんあるでしょう）トラブルにも、僕の知らない被害者が多くいました。僕はそういう人たちと連携をしたい気持ちもありましたが、弁護士のアドバイスなどもあり、じっさいにはかないませんでした。

また「どうしてここまで叩《たた》かれなければいけないのか？」についても、僕なりに感じたことがありました。その多くは、自分が常識と思ってきたことが、世間において通用しなかったからでした。つまり、僕の世間知らずから始まっていたのです。

僕は、トラブルによる活動休止中にネットでエゴサーチをしました。書き込みを読んで「死んだほうがみんなの役に立てるかもしれない。だったら死んだほうがいいのではないか」というところまで追い詰められたこともあったのです。「地獄にいるとは、こういうことなのかな」と息が詰まって、身体の痛みのあまりまっすぐに歩けない経験もしました。

それでも、差し伸《の》べられた救いの手のおかげで生還できました。もちろん返済はまだまだ続いています。僕が背負うべき責任はなくなっていません。ただ、そういった体験の数々は、もしかしたら「不安を抱えている人」「焦るばかりでどう動いたらよいかわからない人」「地獄のような日々を送っている人」たちの助けになれるかもしれない。

そして、「僕がいかに小さくて、独りよがりだったかを自分の言葉できちんと伝えたい」。そういう思いで、この本を書かせていただくことにしました。「お前がいうな」という部分もきっとあると思います。でも、すべての「戒め」は僕なりに考え抜き、導き出したものです。僕の「間抜け」な人生経験により、この本を手に取ってくださった方の「心を軽くすること」がほんの少しでもできれば、こんなに嬉《うれ》しいことはありません。

目次

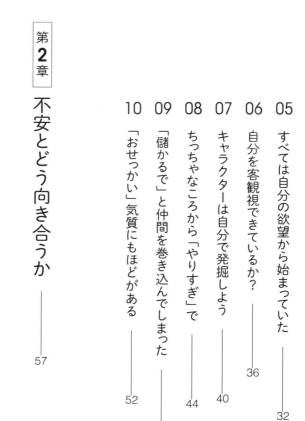

第3章 成功体験の落とし穴

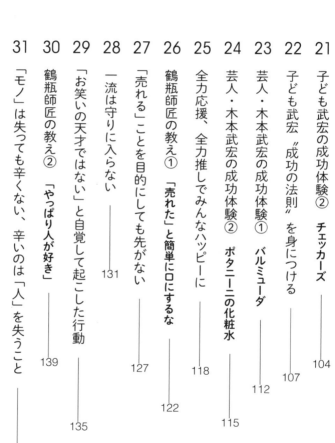

第4章 世の中とどうやってつき合うか ―― 149

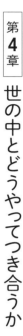

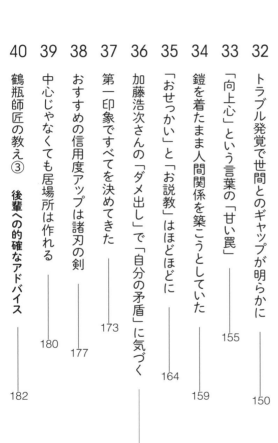

第5章 生き地獄からどうやって生還するか 193

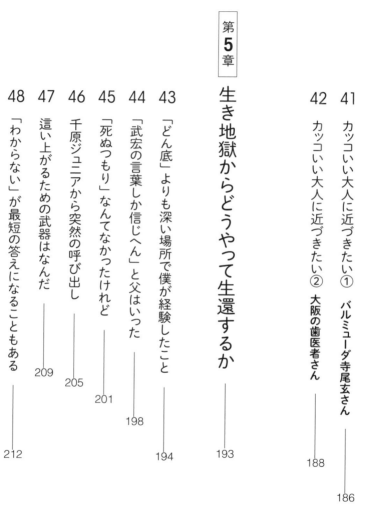

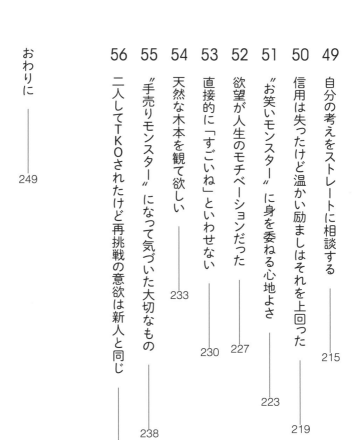

第1章

身の程を知る、自分を知る

最初の章では、木下隆行と木本武宏のＴＫＯというコンビが、どういういきさつで生まれ、なぜすれ違っていってしまったかを中心に振り返ってみたいと思います。僕と木下は大阪府大東市《だいとう》の同級生です。中学生のときに地元のローラースケート場で出会い、意気投合してすぐに親友になりました。そんな二人がコンビとして19歳で松竹芸能の養成所に入って、紆余《うよ》曲折を経て、５回めの挑戦でようやく東京に定着できた。35歳になっていました。その後、それなりに全国区の芸人として認められるようになったと感じていましたが、その過程でお互いに不満を募らせていきました。その理由を深掘りしてみると、僕が木下というタレントにいらぬ嫉妬《しっと》をし、コンビの役割分担を勝手に放棄していた事実に行き当たりました。痛感したのは、「自分の器の小ささ」にほかなりませんでした。

01 「自分ちっさいなあ」をとことん思い知る

お笑いコンビのどちらかが「炎上」することはあっても、二人揃って「大炎上」したのは、ＴＫＯが初めてでしょう。僕らが芸能活動を再開すると、ある意味で鮮度が出て、あちこちからお声がけいただける現状があります。とはいえ、トラブルもスキャンダルも経験しないほうがいい。なぜこんなことになったのかを深く考えて、ひとつのシンプルな結論に達しました。

「自分ちっさいなあ」が、それです。

僕、木本武宏の人間としての器がとことん小さかったのです。

木下が後輩のオジンオズボーン篠宮暁《しのみやあきら》の顔にペットボトルを投げつけて大騒動になったのは、２０１９年10月です。当時の僕らは、仕事以外で話すことがありませんでした。あの頃から僕が木下に対する思いやりや優しさを失っていったのは事実。それこそが騒動の根本にあると気がつきました。お互いの存在じたいがテンションを下げていたのです。特に同じ空間にいるとその傾向が強かったので、会いたくなくなる。木下が僕と同様に考えていたかはわかりませんが、おそらくそれに近い気持ちだったと思います。

中学生で出会ったときから、僕は一発で木下に惹《ひ》かれました。いまでこそ坊主頭の太ったおっさんですが、当時はほっそりとした長身（横幅があるのでわかりにくいですが183cmあります）のイケメンでした。「あいつには華がある。そしてそれは、俺が持っていないものだ。でも俺になくても構わない。コンビでお互いを補えばいいんだから」と考えました。そんな出会いを経てTKOが生まれたのです。

それ以来、「木下は木下が思うまま生きればいい」と放任。ややこしいことはぜんぶ僕が引き受ける役割分担でずっとやってきました。彼は生活全般において、ふつうの人ができることがなにもできません。ご飯も一人で食べに行けないし、新幹線や飛行機のチケット一枚すら自分で買えません。そんなのは僕がやるし、教えるから、「お前は楽しんで自由に生きて欲しい」。その代わりに「いつもおもしろくおってくれ」と伝えていました。それが、二人の共通認識だったのです。

でも、お互いにピン（単独）の仕事が増えてくると、コンビで合流したときに、僕の中にだんだん「俺はこんなに考えてやっとんのに」という気持ちが強くなってきました。もちろん木下も忙しく仕事をしていますから、僕が支えなければいけないことは重々承知していました。ですが、僕も自分のことしか考えられないようになって、「俺だって、楽しく生きたいわ」という思いが強まります。そうなると、木下に対して「なんで飛行機のチケット一枚買えへんねん」という気持ちがフツフツと湧いてくるようになる。

ＴＫＯの原点は、「俺が４人きょうだいの長男、あいつは４人きょうだいの末っ子。だから俺たちはバランスよくマッチングするし、ウマが合うんだ」でした。そのはずが、だんだん僕の我が大きくなり、木下を受け止める器がどんどん小さくなってしまった。逆に、外部で新たに出会う人たちに、僕の器が大きく見えるよう振る舞って行くようになっていました。そんな、僕の人間としての容量の少なさが、コンビが転落するきっかけを作りました。木下がペットボトルを投げた直後に、篠宮にきちんと謝罪させておけば、そこまで大きな騒動にはならなかったはずです。

「きちんと謝らんといかんで」と、木下には強く進言しました。でも、木下が行動するかどうかの確認を僕が怠ってしまいました。後輩たちに、「人としてとうぜんのことをきちんとやれ」と普段から口すっぱく発言している当人が、その教えを徹底できなかったのです。

02 大切な相方に優しくなれなかった

僕が子どもの頃からずっとやってきたことがあります。というよりも性格としてどうしようもなく「やりたい」ことです。それが、自分が「好きなもの」「惚《ほ》れ込んだもの」を人に知ってもらいたいという〝おすすめグセ〟です。最近の言葉だと〝推し活〟に近いかもしれません。

僕が木下と初めて出会って、すぐに彼に惚れ込んだ話をしました。中学生の木下は、引っ越してきたばかりで、まだ僕らが住む大阪の大東市住道《すみのどう》という場所に馴染《なじ》んでいませんでした。僕は、そんな木下を周りにすすめる係を率先して務めました。「木下ってええやろ」と地元の友達にドンドンと紹介していたのです。
僕は、なんの疑いもなく「木下はすごいおもろいやつ」だと感じていました。一方で、木下僕は自分を「おもろい」とは思っていませんでした。だから、自分はそっちのけで、木下が友人たちに溶け込むように動いていました。

後で詳しくお話ししますが、説得力を持って周りを巻き込むスキルを、僕は小学生のときから磨いていました。僕のもくろみは当たって、木下を地元に売り込むことに成功したのです。

コンビを組んで芸人になろうと思ったのも、「木下とやったら、いいバランスでできるかも知れへん」と考えたからです。それだけは、僕の中に確信がありました。ところが、コンビを組んで月日が流れるにつれて、僕の甘さや、弱さが出てしまいました。木下に対して「なにくそ」と思って、張り合ってしまったのです。木下から「こいつメンドくさいことをいいよる」と思わされた場面でも、僕の器がもっと大きかったら、出会った頃のように叱《しか》ったり、宥《なだ》めすかしたりしてコントロールできたはずでした。
僕は僕で木下に腹を立てていることが増え、木下は僕に腹を立てていることが増えた。

そういう日常で、相方に対する優しい気持ちを失っていました。木下のパワハラ事件が起き、僕の投資トラブルがあって、やっとのことで、僕が本来木下に対して発動すべき役割を思い出せました。情けないことに「木下のおすすめ係が俺や」と最初に誓ったはずのテーマを忘れてしまっていたのです。

パワハラ騒動をきっかけに、木下は所属事務所の松竹芸能から契約解除になりました。僕は彼と話して、TKOの名前を残す決断をしました。いつの日か二人で活動を再開できるのを夢見ていたからです。そして、懸命にそれを実現しようと働きかけてもいました。そんな中、僕の投資トラブルが明るみに出た。木下の復帰どころの話ではありません。僕まで松竹芸能に大きな迷惑をかけ、退所することになりました。僕はどうしようもなく落ち込みました。

「なんで、こんなことになってしまったんや」

2022年の8月のある日、木下から連絡があって、久しぶりに再会しました。僕の家では難しかったので、近所の知人宅に来てもらったのです。本当に久しぶりに対面して、とりとめない話をしました。僕の謝罪の言葉も、木下はなにもいわずに受け止めてくれました。そんな再会の終わりに、彼は封筒をさっと取り出し、それをテーブルに置いて去って行きました。

「なんの足しにもならんかもしれんけど、とにかく生活の足しにしてくれ」

という言葉だけを残して……。

そこには厚い札束が入っていました。コンビを組んでから、初めて彼が僕に「お金」を残していったのです。僕はなにもいえずに立ちすくんでいました。そしてある確信に至ったのです。

「木下だけは失ったらあかん」

僕は自分が招いた投資トラブルによって、木本武宏として積み上げていたさまざまなものが詰まった〝パンドラの箱〟が開いてしまいました。僕が築いてきたすべての信用が箱から飛んでいってしまったと諦《あきら》めていました。でも、箱の底には「木下という希望」が残っていた。

木下からもらった封筒は、いまも手つかずで僕の自宅の神棚にあります。

木本の戒め 02

自分の人生で「かけがえのない存在」を大切にする

03 「自由に生きろ」と伝えていた相方に嫉妬する

僕の人生に「かけがえのない存在」が木下であることを再認識しましたが、それ以前はもうひとつ別の感情があったことに気づきました。

それは「嫉妬」です。

天真爛漫《てんしんらんまん》で、自由に生きている木下に対して、どこかで嫉妬していたのです。なぜなら、木下がとても楽しそうだから。「お前は自由に生きろ」と僕自身が焚《た》きつけていたにもかかわらず、自分でも無意識のうちに嫉妬心が芽生えていました。

ほんまにちっさい男です、僕は。

木下は4人きょうだいの末っ子として、兄姉からチヤホヤされて育ちました。その上、ご両親からも溺愛《できあい》されていた。そのせいでしょうか、自分がしぜんと輪の中心にいる環境にいました。それが木下のよさなので、イジりづらいところがありました。

芸人である以上、どんな形でイジられようと、それを受け止めて笑いに変えなければいけないのですが、「イジられなれていない男」という一面が木下の中に厳然と存在していました。ペットボトル投げつけ事件も、特に後輩からイジられなれていない木下がパニックになってしまった故の、反射的行動だったと思っています。ですから、木下の感情をコントロールする難しさは、コンビ結成以来、僕や事務所スタッフの永遠のテーマでした。

コンビの仕事だけでなく、ピンの仕事がお互いに増えたことも、さらにすれ違いを生む要因でした。コンビ芸人にも人気や実力、得意ジャンルなどさまざまな〝格差〟があるのはみなさんもおわかりでしょう。TKOにもそれがありました。ただ、もっとはっきりと格差があったら、こんなに関係がこじれることはなかったと思います。僕も「じゃないほう」なりに活躍の場がありましたから。自分がMC（司会者）を務める番組もいくつかあって、レギュラー出演している番組は僕のほうが多かったくらいでした。

一方で木下は三谷幸喜《みたにこうき》監督作品の『ステキな金縛り』や、あの大ヒットドラマ『半沢直樹』をはじめとして、映画やドラマにきらりと光る役で出演。個性派俳優としても一目置かれていました。さらに、自分のアパレルブランドまで展開している。僕はいくつかのレギュラーを持たせてもらっていましたが、比較的地味な芸能活動になっていました。木下は単発ながら確実に爪痕《つめあと》を残している。それが、コンビの〝立ち位置〟だというのが僕なりの分析でした。

いま冷静に振り返ると、コンビとしてのバランスは取れていました。そう思えたらよかったのですが「俺だってもっと活躍したい」と欲しがる感情から逃れられなかったのです。

わかりやすい格差があれば「木下、俺も連れてってえな」とネタにして、バラエティ番組でアピールできたかもしれません。でもじっさいには、『アメトーーク！』の「じゃない方芸人」に呼ばれるほどではありませんでした。その意味でも、僕は多くの人にはどうでもいい〝微妙な格差〟の嫉妬心すら飼い慣らせていませんでした。

木下はふだんから僕にこんな言葉を投げかけてくれていました。

「木本が場を作って、俺がそこを開拓する」

そうなんです。僕がコンビの生きる場を作って、そこをスター性のある木下が開拓する。ルートは僕が決めるのですが、楽しいことを持ってきて、「これやれへんか」「こっちがおもしろそうやな」って導いてくれるのは木下の役割。その寄り道の際に、一緒に新しい発見をして行く関係性によるコンビの掛け算がＴＫＯの生命線なのでした。

そんな木下の言葉を思い出して、僕らの原点に立ち返ることができました。ですから、現在の僕の立ち位置は完全に定まっています。

それは、「木下にとって一番のパートナーでおること」。

木下隆行のおもしろさを世の中のみなさんにプレゼンするのが、僕ができる最大のアピールポイントだと改めてわかったからです。

木本の戒め 03 「俺だって」という嫉妬心を飼い慣らそう

04 知らず知らずに相方の気持ちを裏切っていた

親友で相方の木下に対していつの間にか嫉妬心を抱いてしまった僕ですが、もう少し違う角度で思い返すと、さらに木下を裏切る態度になってしまったことに気づきます。

それは、僕の無責任な「ハシゴはずし」です。

僕は木下を自由にさせているつもりでした。でも、いつからか、僕は相当ひどい仕打ちをしていました。

TKOというコンビは、僕がプロデュースを担当して、木下が総合演出と主役を務めるやり方で進んできました。その意味ではお互いに対等な責任と役割を背負っているコンビともいえます。

たとえれば、同じ船に乗っている木下と木本の二人がいて、僕が船長を務めているようなもの。行き先も航路も操縦も、船旅に必要な食材までも、僕がぜんぶ用意する。そして木下に伝えます。「あとは俺が操縦するから、お前はすれ違う船に対して楽しそうに振舞ってくれ。俺らの船は楽しいんや、それを全力で伝えてくれな」と。木下は船上でただエンタテイナーとして楽しそうにしてくれればいい。最初はそんな気持ちで、TKO丸という船で航海しているつもりでした。

ところが、木下が楽しそうにほかの船と交流している姿を見て、「俺だってすれ違う船と仲よく交流したいねん」という気持ちが生まれてしまう。前だけ向いて、どんな進路が最適かを考え、緊張しながら操縦している僕には、ちらちらと見える木下の楽しそうな姿が、どうしようもなくラクそうに見えてしまいました。さらには、「たまには、お前も操縦してくれたってええやろ」と、自分が引き受けたはずの役割を木下に押しつけたい気持ちになってしまったのです。

もともと木下には船を操縦する気はサラサラありません。前にも申し上げたように、一般常識も日常生活をこなすスキルもないんです。となると木下はこんなことを思うようになったはずです。

「木本、ちょっと待て。俺は操縦なんてでけへんで。俺ができるのは楽しく遊ぶことだけやのに」

コンビ芸人として同じ船に乗って芸能界の荒波を航海する、という当初の目的をすっかり忘れてしまい、船の上でいい合いをする関係になってしまっていたのです。

僕は船長・プロデューサーという役割を無責任に放り投げてしまいました。かけがえのない相方である木下に、僕は「俺は俺で生きる」「木下、お前はお前で生きてくれ」と突き放す形になってしまいました。

いま思えば、僕らはピンでは生きていけない小船しか持ち合わせていません。でも、その小船を降りて、自分だけの船で漕《こ》ぎ出したいという気持ちになってしまったのです。

その結果、僕のコントロールから外れた木下は、仲間であるはずの芸人たちとの距離感を測れず、自由に振る舞うようになってしまった（これはあくまでプライベートの場においてです）。そういう態度に対して、いつしか後輩芸人に「あの人なんやねん」と反感が生まれてしまったのでしょう。不満が溜《た》まった結果、仲のよい後輩だった篠宮は、木下をイジる発言をしてしまう。それに対して木下はどうしていいかわからないまま「お前ふざけんな」と、腹を立てて感情を爆発させてしまった。

だから、ペットボトル事件の根本は、木下のハシゴを無責任にはずしてしまい、「お前はお前で船を操れ」という態度をとった僕にあります。いいわけがましいかもしれませんが、僕としては木下を見放したつもりではなかったのですが……。

それでも、僕が、

「二人揃ってこそのＴＫＯやで」

と木下の肩を抱いて、彼にきちんと大切なことを耳打ちできていれば、こんな不幸なできごとは起こらなかったと、本当に後悔しています。

木本の戒め 04

人生の相棒は常に肩を抱ける距離に

05 すべては自分の欲望から始まっていた

投資トラブルが報道され、活動休止のさ中、僕は「どうしてこうなってしまったのやろう」と、さまざまな角度から自分を見つめ直しました。そのときに僕はずっと大事な場面で「欲望」に支配されて生きてきたんじゃないか？　と思い当たりました。

芸人になったのも、周りから「キャーキャー」いわれ、モテたいという欲望からスタートしています。20代でそれが叶《かな》いましたが、30歳を迎える前から途端にそんな歓声から見放されるようになってしまいました。そこで、芸人としてのスキルをつけ焼き刃的に磨いていました。40代になると、楽して稼げないかと別の「欲望」が湧いてきました。

そんなときに、暗号通貨に出会ってしまいました。ある番組で暗号通貨のエンジニアさんとご一緒したんです。その方が、「木本さん、ビットコインは絶対に買ったほうがいいですよ」とささやきました。そこまでいうならと、何回かにわけて合計50万円ほど投資しました。

それが２０１７年でしたが、年末に向けてドカンと上がっていきました。僕が１ビットコイン（BTC）30万円前後で購入したものが、最高で233万2385円まで高騰します。短期間でおよそ8倍の値上がりです。

50万円が400万円になった！

購入当初は、上がっては下がるの変動がありましたから、「きっちり勉強してうまく増やしていけたら、10年後にはこれだけの資産になっているはずだ。それだけ増えたら、あんなことも、こんなこともできる、税金も払っていけるだろう」などと皮算用までしていました。なによりも、安心して芸人生活が送れるんじゃないかと考えました。

それが一気に4－5倍となったときに、ドバーッとアドレナリンが出てきました。そうするともう、客観的で冷静な判断はできません。もう120％欲望に支配されていました。「こんなに増えるんやったら、もし1000万円入れていたら8000万円か。1000万円はどうやって作ったらええんやろ」なんてことばかり考えるようになる。

そんな中、2018年になると今度はガツンと下がり出します。いわゆるビットコインバブルが弾《はじ》けました。暴落したとはいえ、元手の50万円を下回っていません。でも、増えた数字ばかりが気になってしまい、けっして損はしていないのに、全身から脂汗が出るような感覚に陥りました。パニックになり、あれこれと場当たりのトレードを繰り返した末に、すべての暗号通貨を手放しました。

それをきっかけに資産運用の「欲」に目覚めてしまい、本を何冊も読んだり、ネットを漁《あさ》ったりして勉強を始めます。堀《ほり》江《え》貴文《たかふみ》さんの書いた本には、こんな記述がありました。

「お金に働かせる」

「なんて、素晴らしい言葉なんや」。僕の胸に突き刺さりました（じつはその読み方は浅くて、のちに堀江さん本人から「そういう意味じゃないよ」とツッコまれたのですが）。興味を持つと、とことんまで突き詰めたい性格の僕は、自然と投資に興味がある知人たちと、情報交換を兼ねた飲み会を定期的に始めるようになりました。

そんな折に、ＦＸ（外国為替証拠金取引）なるものを知ります。法定通貨だし、暗号通貨よりも安全だと説明されました（これも生半可な知識からくる勘違いにすぎなかったのですが)。ただ、いろいろ勉強してみても、じっさいの取引をどうすればよいのかわかりませんでした。すると、ある人から「FXトレードの達人がいるよ」と紹介されます。それが、僕を奈落《ならく》の底に落とすきっかけとなった、息子ほど歳が離れた20代のAという男でした。

彼のトレードする部屋に行くと、デモトレード画面を見せられました。日付をいうとチャートが出て、そこで彼がタイミングを計って売り買いをしました。すると、「木本さん、仮想取引ですけれどこれだけ儲《もう》かりました」と、こともなげに話すのです。ほかの日についてリクエストしても、同じように結果を残しました。僕は「すげえ」と感動するばかり。自分でトレードして資産運用する自信がなかった僕は、Aに「資金を預けるから運用してもらえないか」と提案します。けっして、彼から投資を持ちかけられたのではありません。でも、欲に目がくらんでいた僕は、そいつが騙《だま》す男であると見抜けなかったのです。

木本の戒め 05
欲に目がくらんでいると冷静な判断はできない

06
自分を客観視できているか？

「木本さんは、ものごとを客観的に見られる人ですね」といっていただくことが多いです。なぜできるようになったか？　それはある方から「そうしろ」と指導を受けたからです。松竹芸能の養成所に入ってすぐのことでした。当時、笑福亭鶴瓶《しょうふくていつるべ》師匠のマネジャーさんがおりまして、いわゆるキレ者。その方が、入りたての芸人にひと月に1回、何組かを選んで座談会形式でいろいろと教えてくれました。

そのときに、こんなアドバイスをもらいました。

「木本、お前はな、もっと自分のことを客観的に見なあかん。木下はああいうキャラクターやから、自分のことを考えるだけで芸になる。でも、木本は自分のことを考えても芸にはならん。お前は木下の芸を客観的に見て、木下のことをどうやってさばいて行くかを考えろ」

僕はその方を尊敬していたので、芸人として生き残って行く上で、大切にしなければいけない言葉だというのは最初からピンときました。ただ、その真意までは、20歳の自分には理解不能でした。最初、僕の頭の中は「？？？」だらけです。

「木下をコントロールする？　ゲームのリモートコントローラーを動かすように、木下を操れってことやろか」

でも、木下だけをコントロールしても芸にはならない。自分のことも同時にコントロールすることが必要だろう。

「そうか、自分も木下のことも客観的に見ろ、俯瞰《ふかん》でものごとを捉《とら》えろっちゅうことやな」

そこまではたどり着きましたが、じっさいにどうしたらいいのかの答えは簡単に見つかりません。そこからは先輩芸人たちのやり方を「客観的に」というワードを念頭におきながら、観察しました。

その中で、パッと僕でもわかったのは鶴瓶師匠の「視野の広さ」でした。もうその広さにびっくりして、こちらの視野の狭さにも気づきます。そうしたら、「自分の視野を広げなあかん」までは到達できました。

では、どこで実地に視野を広げる訓練をしたかというと、合コンです。そこで心がけたのが、出席者たちの置かれている状況を徹底的に観察することでした。「俯瞰の目」を発動すると、「あいつはもう5分間なんもしゃべってへんな」とわかってきます。そんな人に対して、意識して話題を振って、会話に入ってくるように仕向けます。20歳の若造だった僕には、それくらいが限界でしたが、そこが僕の「俯瞰してものごとを見る」原点でした。

「客観視」を続けていくと、いままでただ自分が目立つためにやっていた行動や発言が物足りなくなってきます。「俺どうや?」とアピールしたいがために芸人を目指していた気持ちに変化が現れ、種類の違う存在感を示すのが快感になりました。バラエティでひな壇芸人に求められることの多い、いわゆる「裏回し」のテクニックに開眼します。「裏回し」とはメインのMC以外のポジションの芸人が、その場で求められている意図を俯瞰的に汲《く》み取って、さりげなく話を展開したり、フォローしたりすること。一歩引いたところから、全員が楽しんでいる姿を見るのが嬉《うれ》しい。みんなが楽しめている状態を観察するのが、僕には最高に「キモチいい」ことだったと確信できました。

その快感に目覚めてからは、常に自分の中に「俯瞰のカメラがある人生」に変わっていったんです。

「自分は主役じゃなくていい。主役は木下や」

芸人になる前からそのつもりだったのですが、「主役を生かすも殺すも自分次第」という責任感が芽生えてきました。そうして、「俺がしっかりせんとあかん」につながり、木下をしっかりコントロールしていこうという気持ちになったのです。

とはいえ、これまで振り返ってきたように、「自分の器のちっささ」ゆえ、コントロールに失敗してしまうのですが……。ただ、今回の騒動の中で、自分を客観視するクセによって、自分の思考だけに囚《とら》われて、ネガティブなことだけ考えてしまう無限ループに陥らずに済みました。それによって、相当救われたのは事実です。

07 キャラクターは自分で発掘しよう

TKOは木下がボケとして主役を張るコンビです。一方の僕は、うすいツッコミというか、自分だけのギャグや一発芸もありません。どうしてもキャラクターが見えづらいと本人も自覚していました。コンビの「じゃないほう」として、バラエティ番組などで、どうやってキャラクターを押し立てていくか、ずっと迷っていました。

そんな中、マネジャーが頑張って『アメトーーク！』の家電芸人枠に押し込んでくれました。チュートリアルの徳井《とくい》義実《よしみ》くんや、品川庄司《しながわしょうじ》の品川祐《ひろし》くん、土田《つちだ》晃之《てるゆき》くんなど、すでにそのジャンルで名前を確立している人がいましたので、僕はなかなか紹介する商品を見つけるのが難しい白物家電の担当をすることになりました。自分なりに勉強と研究をして、なんとか1回めのオンエアを終えたところに、バルミューダという聞いたことがない会社の社長から「木本にどうしても会いたい」と直撃されました。

とにかく一度会おうということで、築地《つきじ》にある松竹芸能の事務所に社長が来て、新製品のプレゼンをしてくれました。すぐにその商品のすごさに魅了された僕は、「ぜひ紹介したい」と伝えました。2回めの出演時にその商品を紹介したところ、次の日には完売したのでした。2010年の4月のことです。これは僕の成功体験として強く刻まれましたし、家電芸人の一角にキャラを確立できた記念すべきできごとでした（このときの体験談については、また別のエピソードで説明します）。

もうひとつ、木本のキャラクターとして知られているのが「説教キャラ」です。これは松竹芸能の自虐ネタから始まっています。大阪における吉本興業と松竹の関係は「ゾウとアリ」みたいなもの。それをネガティブに捉えるのではなく、自分たちの武器にしようと考えました。

「松竹芸能のTKOです」

と、わざと大きな声で挨拶《あいさつ》したのです。東京でテレビに出られるようになってからも、ウチの芸人だけが、事務所名を冠につけて挨拶するようになります。吉本はもとより、ナベプロ（ワタナベエンターテインメント）も、ホリプロも、太田プロダクションも、ほかの芸人はそんな挨拶をしません。でも、繰り返すことで「オイ松竹」とイジられるようになる。それによってウチのアピールになればと思っていました。

僕は松竹に所属するのを「カッコいい」まで高めたいという野望を抱いていました。その思いが強すぎたのかもしれません。後輩に対して「大声で挨拶せなあかんで」とか「こんなことしたらあかんで」と、松竹芸能に所属するタレントとしての振る舞いの基礎の基礎を伝えていました。いつしか〝松竹の風紀委員〟と呼ばれるようになっていましたが、カッコよくすること以外に興味がなかったので、世間的な〝お説教〟はしていないつもりでした。

ただ、それを後輩たちがおもしろがってイジってくれるようになる。テレビ番組出演前に先輩芸人のエピソードについてアンケートに答えるケースがよくあります。後輩たちは、

「木本さんの説教は暑苦しい」
「後輩にめんどくさい」

とか、書いてくる。もちろんそれだけではないのですが、番組的にオンエアされるのは「説教キャラの木本はなかなかおもろいな」です。その結果、次のアンケートは「木本さんに最近説教されたことは？」と、より限定的な質問になる。後輩たちは頑張ってエピソードを絞り出してくる。僕もテレビ大好き人間ですから、出演した番組に爪痕を残すために、求められる「説教キャラ」や「後輩に厳しい木本」をより強めに演じるようになります。すると、テレビ画面の向こう側の人たちも含め、ますます「説教の木本」のイメージが増幅される。うすいキャラしかなかった僕には、ある意味でオイシかったのです。

ただ、今回のトラブルで、「説教キャラ」の負の面が強調されてしまったのは否めません。じっさい、「後輩を強引に投資に巻き込んだ」とする記事もありました。木本だったらやりかねないイメージがあったからでしょう。いまの時代、「説教」は上から目線の「ハラスメント」に直結すると捉えられても仕方ありませんから。家電に関しても「おすすめ商品」を紹介するだけで、「お、新たな投資案件か」などと、ツッコまれるのは必至です。

僕は、また新たなキャラクターを発掘しようともがいています。

木本の戒め 07
確立されたキャラクターにも賞味期限がある

08 ちっちゃなころから「やりすぎ」で

僕は相方をはじめ、周りからも「途《と》轍《てつ》もない営業力と、巻き込み力がある」と評価されていました。その出発点はどこかと考えたら、小学校時代まで遡《さかのぼ》るのに気づきました。

小学校低学年の頃から子どもながらに「一番にならないと意味がない」と確信していました。なぜならば、一番しかリーダーシップを発揮できないと思ったからです。僕は、木本一族の同世代の中で一番年上でしたし、4人きょうだいの長男でした（僕・長女・次女・次男の並びです）。それは大人からはともかく、同世代から「あれこれ」言われることがない立場を意味していました。
「俺が仕切るんだ」と、はっきり自覚するのは11歳年下の弟が生まれたときです。小学校5年生で新しいきょうだいができた。少子化のいまですと、なかなかないケースだと思います。「オギャー、オギャー」と泣く、弟の真っ赤な顔を見て、腹の底から湧き上がるように、

「こいつを守ってあげないかん」

と思いました。

一番になるためにやったのは、まずかけっこで一番になることでした。小学校4年生のときです。もともと走るのは得意でしたが、近所に住む足が速いお兄さんに弟子入りして、どうすればより速く走れるかをコーチしてもらいました。いまとなってはちょっとカッコ

悪いですが、かけっこで1位になればモテるけれど、2位は意味がないと思っていました。さらに、リーダーになれば、自分の生きる小・中学校の環境を「自分好み」に変えられると思ったのです。それがきょうだいをはじめとする仲間たちの役に立つはずだと。

これは、じっさいにやった訳ではなく、たとえ話として聞いて欲しいのですが、「誰が学校の窓に石を投げられるか挑戦せえへんか」ということになったとします。たいていの子どもは、ガラスが割れた後に訪れる、大人の怒りや、自分が謝るところを思い浮かべて、尻込《しりご》みしてしまうでしょう。でも、僕はそれをやり切って、「木本がリーダーや」と証明する自信がありました。ほかの人間が60―70％でリミッターをかけてしまうところを僕は100％やり切ってしまえる。

マウントを取るためならば、あらゆる行動が屁《へ》でもない。そんな子どもでした。

中学校に入ったら、学校を仕切るのはヤンキー。そして、大阪のヤンキーは怖いです。僕の中ではヤンキーになるのはリスクがあるというか、失うものが大きいと考えました。でも、学校が荒れていると、友だちや僕に続いて入ってくるきょうだいが「嫌やろな」と思ったので、番長を名乗っている3年生を征服する手段を考えました。

ケンカでは間違いなく勝てないので、コミュニケーションを通じて仲よくなり、対等の位置に立ててました。よく知らない人の懐に飛び込んで、説得力を持って相手を口説くのは、僕の得意技でした。そう、僕はナンパの達人でもあったのです。

そうなれたのは、父と一緒に商売をしている叔父《おじ》の影響です。「まいど!」とおっきな声を出す人で、まずは相手の一番いい部分を見つけて「徹底的に褒める」。しかる後に商売の目的をしゃべって商談を成立させていました。「門前の小僧」ではないのですが、その姿を子どもの頃から見続けていた僕は、自然とそれをナンパに応用していました。

「じぶん、めちゃくちゃ髪の毛がキレイやな」とか、「目がキラキラしとる」なんて、女性の一番いい部分を見つけて、必死に相手に投げかけます。そうするとナンパの成功率が上がるのでした。

ヤンキーに対しても同様に飛び込んで相手をタラしこんでいきました。そうして、番長とは違うリーダーになりました。とはいえ、初手から3年生の番長にいきません。1年の番長、2年の番長と段階を踏んで仲よくなる。そうやって学校の環境をよくするポジションにつきました。そこから先は、近所の中学校の連中とも仲よくなって、住道という狭い地元でしたが、みんな仲よくつるむようになりました。そんな輪の中に、木下が転校生として来て、いまのＴＫＯにつながっています。

まあ、本当に仕切りたがりでした。いまは見る影もないんですが、成績も優秀でした。勉強ができる、足も速い、モテるために髪の毛をチェッカーズ風にして、学ランのズボンのスソを細く折りたたんでファッショナブルに装っていたのです。後々聞いた話ですが、同級生や後輩の女子達からは〝王子様〟と呼ばれていたそうです。いま思えばお恥ずかしい限りですが、とにかく頭ひとつ抜け出すために、僕なりに必死にやっていた子ども時代のエピソードです。

木本の戒め 08
頭を取りたいなら100％の全力で

09 「儲かるで」と仲間を巻き込んでしまった

僕が資金を預けていたＦＸ取引ですが、運用を依頼していたＡという男が、突然、行方不明になりました。そいつに「逃げられた」事実を知ったとき、最初に「申し訳ない、僕の責任でなんとかせな」という気持ちになりました。

と、同時に、

「これじゃ、俺のメンツが保てへん」

と思ってもいました。巻き込んでしまった知人への謝罪の気持ちはありましたが、同じくらいの分量で「自分のメンツ」を考えてしまったのです。本当にちっさいですし、この期に及んで保身かよと思われても仕方ありません。

自分なりに説明させてもらえば、この投資の入り口は「自分だけ稼いでもおもろない。みんなで稼いで、みんなで笑おう」でした。なので、投資の勉強会みたいな飲み会を開いているときに「俺が運用してもらっているFXが、こんなええ感じに増えてるで」などと、仲間に自慢するようになっていました。僕も興奮しながら「これすごいやろ」と、同時進行のドキュメントのようにしゃべっていましたから「木本さん、僕らの分もお願いしますよ」となるのは必然の流れでした。

そうして僕を含めた10名ほどで合計1億7000万円の資金をAに預けて運用を任せました。順調だったはずの取引でしたが、いつからか彼の態度に違和感を抱くようになってきました。危うい空気を感じた僕は、角が立たないように伝えて6000万円分は返してもらいました。その直後にAとは音信不通に陥ります。

僕は頭が真っ白になりました。思考回路はすべてストップです。もちろんショックでしたが、Aとは直前までふつうに電話で会話していました。「僕こんなクルマ買おうと思っているんですよ」という彼に、「そのクルマええな」なんて日常のやりとりをしていました。また、地方に住む彼の母親にも「こっちで無茶しないように見ときます」なんて伝えて、家族というか身内のように感じていました。その彼が突然いなくなってしまった。アホな僕は、「なにか事故にでも巻き込まれたんちゃうか？」と希望的観測までしていました。これも勝手な想像でしたが、テレビや映画だと、消える前に怪しげな雰囲気を感じさせる「匂わせ」があります。Aにはまったくそんな前兆がなく、電話をしたその夜に雲隠れしてしまったのです。

間違いなく飛んだことがわかって、僕は巻き込んでしまった友人たちへの責任を深く感じました。どうやったら、これを回収できるのだろうか。

さらに、僕の頭に別の恐怖が浮かびました。

「この噂が広がったら、週刊誌沙汰《ざた》になる」

そうなると、「とんでもないことになる」という不安がよぎります。とにかく仲間たちに事情を説明して、木本個人として返済するから「おおごとにせんでくれ、口外はせんでくれ」とお願いしました。ほとんどの人は、僕を咎《とが》めなかったのですが、一部の人から「親戚《しんせき》から借りているお金もあるから、なんとかして欲しい」と声が上がり、頭を下げて回る状況に陥るのです。

結局、隠しとおすことなどできず、2022年7月に「TKO木本武宏、7億円投資トラブル」と報道されてしまいました。たいていの人が「アホやな、身から出た錆《さび》や」との感想を持ったでしょう。でも、僕は報道される直前まで「なんとかなる、なんとかしてやる」と奔走していました。そこには、「俺が間違えるはずがない」という過信がありました。このままでは木本武宏のメンツが立たない、というプライドもありました。なんの役にも立たない、ちっぽけなものでした。

木本の戒め 09
下手なプライドが不幸を引き寄せる

10 「おせっかい」気質にもほどがある

僕は、自発的に、つまり人から強要されなくても、自分が守りたい人たちの環境を整えたい気持ちが強いのではないかと思っています。それを人は「おせっかい」と呼ぶのでしょう。どうやら、僕はその気質がほかの人よりもかなり強いのだと思います。

TKOは5回めの東京進出で、なんとか地歩を築けました。最後の東京への挑戦の前に、弟から「芸人としてダメなら、実家の自動車整備工場を継いでくれ」と強く求められたこともありました。

幸運にも、僕は全国区の芸人となって、それなりに食えるようになりました。ただ、父や亡くなった母、そしてきょうだいに迷惑をかけた気持ちは、心の中に大きく残っていました。その罪滅ぼしではありませんが、せめてもの恩返しとして家族をサポートしたい気持ちも強くなっていたのです。

母は、僕が28歳のときに悪性リンパ腫《しゅ》という血液のガンにかかりました。「余命は1年です」と医者。家族には伝えたくなかったので、僕は病名を隠して母を介護しました。当時は芸人としての仕事もほとんどなく、かなりの時間を介護にさけたので。そして、ガンに効くサプリがあると聞けば、購入して母に与えました。費用はすべて借金です。

日々、痩《や》せ衰えていく母に、「なんかして欲しいことあらへんか?」と尋ねました。母の願いは『笑っていいとも!』に出るところを観たいというもの。「それはすぐには無理やな」と伝えると、「武宏たちの結婚式が見たい」と母。彼女とは、僕が高校生のときからつき合っていました。結婚は意識していましたが、借金も抱える芸人という立場が躊躇《ちゅうちょ》させていました。彼女に母の事情を話して「結婚してくれへんか」と伝えると、「そうやな」と承諾してくれた。

僕たちは神前式で結婚しました。車椅子に乗った母が僕たちを嬉しそうに見つめていたのを覚えています。

母は1カ月後に旅立ちました。まだ58歳でした。

母の葬式に参列してくれた木下に、僕はこんな宣言をします。

「いいとものテレフォンショッキングに出たいねん。それをTKOの夢にしてくれへんか?」

相方は、「ええな」と応《こた》えてくれました。

そこからも紆余曲折がありましたが、テレフォンショッキングへの出演も叶いました。芸人としての仕事が順調に進む中、僕は家族への資金的な援助も担うようになります。

すぐ下の妹は夫と死別し、シングルマザーで4人の子どもを育てています。彼女の一家を東京に呼び寄せ、僕の仕事をサポートしてもらうことにしました。僕ら夫婦は子どもがいませんでしたので、甥《おい》っ子や姪《めい》っ子を自分の子どものように可愛がっていました。

妹に生まれた「僕の初めての姪と甥」は成績優秀。東京の有名私立大学に入れるようにサポートしました。僕自身に学歴コンプレックスもありましたから、「学歴は大事やで」と、ずっと伝えていました。おかげで合格。有名大学に進学する姪っ子・甥っ子が我がことのように嬉しかったのです。さらに、実家の自動車整備工場にも、仕入れのための運転資金を融通するなど、長男としてできる限りのことをしていました。

家族を経済的に支援する部分も大きい中、投資トラブルが報道され、僕は活動休止を余儀なくされました。収入はゼロ。大学進学後の面倒もみると伝えていた妹家族の努力と夢を潰《つぶ》してしまう。いままで偉そうに家族に希望を与え、生活を支えてきた自負心が、袋小路に追い込まれました。

他人からみたら「背負いすぎやね」のひとことで終わってしまう話でしょう。でも、僕はそういう生き方を選びました。

「神様、お願いやから僕が死んで家族が救われるなら、すぐに死にますんで」

そんな気持ちが心を支配しました。自分が進んで背負ってきた責任を、自分のつまずきで「無」にしてしまう〝ドアホウ〟。それが木本武宏という人間の器でした。

木本の戒め 10 身勝手な責任感は、人の希望を奪うこともある

第2章

不安とどう向き合うか

ご承知のように、芸人の世界は浮き沈みが激しいものです。その覚悟で生きていても、突然番組が終了したり、あっという間に後輩に追い抜かれたりと、状況が目まぐるしく変わります。芸能界は「水商売」にたとえられることも多いですが、本当に「水もの」です。明日いきなりすべての仕事を失うかもしれない。40歳をすぎてから、そういう不安とも戦っていました。その焦りから冷静な判断を失い、投資という「欲にまみれた」方向に走ってしまいました。そして、結果として「すべてを失う」ことになったのです。

11 不安はすべての失敗の種

TKOは、20代前半で関西《かんさい》ローカルの『爆笑BOOING』という番組で5週勝ち抜いてチャンピオンになり、さらにチャンピオン同士の大会でも勝利して、グランドチャンピオンに輝きました。そこから京都のラジオ局のパーソナリティを任されるようになるなど、関西では人気のあるコンビという立ち位置になりました。ですが、人気だったのは一瞬で、どんどんと仕事が減っていきました。関西の若手お笑い芸人ブームの終焉《しゅうえん》など、外的な要因もありましたが、基本的な原因は、僕らのコンビが若い女性にしか支持されていなかったことでした。

事務所のスタッフからは、「ＴＫＯは目の前の客を笑かしているだけ。それでは今後困るぞ」というアドバイスを受けていました。でも、僕らはそれを聞き流していました。そんなとき、同じ事務所の後輩に「ますだおかだ」というコンビが現れ、あれよあれよという間に、関西お笑い芸人の登竜門である、「ＡＢＣお笑い新人グランプリ」を獲《と》りました。それも、僕らにはない「漫才」というスタイルで。それをきっかけに、大阪の松竹芸能はますだおかだ推しにシフトします。僕らは〝イチオシ〟のポジションから滑り落ちたのです。

推しから外れると、僕らの仕事はさらに減っていきました。深夜番組でＴＫＯをＡＶ男優にするという企画まで持ち上がりました。最終的にその企画はボツになり、他人に裸をさらさずにすみましたが、そんな落ちぶれた中で、母のガンが見つかったのです。

辛《つら》い時期を乗り越えて、ＴＫＯは東京に進出でき、なんとか全国区と呼ばれる芸人になりました。でも、「少しは売れたんちゃうか」からが茨《いばら》の道でした。

最初に不安が大きくなっているのを自覚したのは、40代の半ばをすぎたころでしょうか。40代前半は、売れたときの勢いでレギュラーが増えます。仕事がなんだかんだでうまく回り出して、世間からも「あの人よく出ているね」といわれるようになります。ただ、50歳が近づくにつれてどんどん出番が減っていきます。

それでも出番はありましたが、然《しか》るべき時期に重要なポジションを担う芸人にはなれなかった。つまり、ゴールデンタイムの冠番組を持つところまではタッチできずに、横目で見ながらその時期を逃してしまったという思いが強くなってきます。

僕としては「あかんかった」と自覚がある。それでも世間的に見れば、忙しい人。周りからも「売れてよかったね」といわれるのですが、自分の中では「売れるっていうのは、そうじゃないねん」と反論したくなるのです。

自分なりに設定した目標に届いていない焦りが不安に直結していきます。芸能界において一番仲よしで、よくしゃべるのが、「よゐこ」の有野晋哉《ありのしんや》さんです。松竹の先輩でもある彼と話すと、「俺だって、えげつない不安があるで」とこぼすんです。ゲームなど、自分のキャラクターを活《い》かした番組を持っている有野さんですら、そんな不安がある。そういう現実を聞いたとき、僕はさらに「どないしよう」と不安にさいなまれます。

同世代の芸人仲間の話を聞くにつれ、芸人とは違う路線で〝稼ぐ〟手立てを考えなければという思いが強くなってきます。そんなタイミングで、暗号通貨ブーム直前の波に吞《の》まれてしまったのです。自分の中に「投資」というものがインプットされてしまい、一気に加速していきました。

さらに追い打ちをかけられるように〝コロナ禍〟になりました。対面でのロケや取材が制限されましたし、外出自粛により、3カ月のあいだ、仕事がない状況に陥りました。僕はこれから迎える50代の予行演習をさせられている気分でした。そうした不安が重なって、僕はよく知りもしない投資にのめり込んでいきました。

すべては、「これからどないしよう。どないしたらええねん」という不安によるものでした。

トラブルを経た僕は、不安に押しつぶされていた自分を反省して、我々の強みを活かすべきだったと思っています。ＴＫＯというコンビの原点を忘れていた事実を思い浮かべながら。

木本の戒め 11

将来への不安は、原点に返って備える

12 大御所芸能人ですら不安を抱えている

芸人の世界に入った若い頃は、「億万長者になりたい」という夢が漠然とありました。ただ、その具体的な方法などはわからず、芸人として目の前の仕事を一生懸命やっていただけでした。ただ、この世界にいる怖さなのですが、日頃のおつき合いを通じてお金持ちに会う機会が多いのです。

僕は、比較的そうした社長さんの飲み会には顔を出さないほうでしたが、ロケで知りあったきちんとした企業の社長さんなどと仲よしになります。僕は社長さんをタニマチにして飲み歩くのではなく、純粋に興味を持って接していました。

社長さんの周りには、やはり社長さんがいらっしゃるので、いつの間にかそうしたネットワークの中に自分がいるのに気づきます。すごいお金持ちや、成功者の中に身を置いていると、自分の感覚も麻痺《まひ》してきます。

「俺もそうなりたい」

気がついたら、そちらへベクトルが向いていました。

じゃあ、どうすればいいか？　というところで投資という方向にしか目が向かなくなっていたのです。

じつは、さらにそれを加速させる出会いがありました。

縁があって、日本中の誰もが知るトップ芸能人の方とサシ飲みする機会をいただいたのです。

びっくりしたことに、その方が「将来のお金の不安」について話しはじめました。たくさん稼いでいらっしゃる方ですから、お金の心配など必要ないと思っていたので、なおさらでした。聞けば、その方はめっちゃ投資されているのでした。僕がのちに手を出す、暗号通貨やＦＸなどではなく、手堅い投資です。

僕は不思議に思いながら、

「それはおもしろいからやってらっしゃるんですか？」

と尋ねると、

「いや、違う」

と断言されるんです。

そしてこんなふうに続けられました。

「冷静に考えてごらんなさい。どんなに一生懸命に仕事をやってきても、あした死んだら収入がゼロになってしまう仕事なんだよ」

身体中に「ビリビリッ」と音を立てて電気が走りました。

僕の立場からいわせてもらえば、なんの不安もなく、バリバリと仕事をしている超一流の芸能人ですら、きちんと投資に向き合っている。それも、「死んだらゼロ」という不安を抱えながら。

その方の話を聞く以前から、芸能界の名だたる人も、不動産をはじめ、さまざまなジャンルへ投資をして、芸能界で食っていけなくなるときに備えている人が多い事実は知っていました。

また、つき合いのある社長さんたちも、本業のほかに別の「収入の柱」を構築していることも聞いていました。

そうした予備知識を持ちながら、僕自身はどうやって収入の柱を作ればいいか思い悩んでいたのです。

そんなタイミングで、芸能界でトップを走っている方の「不安」を知ってしまった。

そしてこう思いました。

「俺ももうひとつ柱を作らんといかん」

そこから「投資への扉」が開いていったのです。

もちろん、その方々のせいだとは微塵《みじん》も思っていません。

ただ、漠然とした思いがある中で、２０１７年に暗号通貨に出会ってしまった。そこからはすでに説明した通り、「欲にまみれて」しまいました。

騒動の後に、冷静に振り返ってみると、もし30代で暗号通貨に出会っていたら、僕はなびかなかったんじゃないかと思います。

自分が「芸人という柱」しかない現実に、怯《おび》えていたのかもしれません。

木本の戒め 12 漠然とした不安に飲み込まれない

13 トラブル発覚前夜の不安とは

2022年の5―6月の頃でしょうか。僕の投資に関するトラブルは芸能界でも知られるところになってきました。そして、ある番組の収録時に、僕とも仲のいい芸人が「木本さん、なんかお金のトラブル大変なんでしょう」と、松竹の後輩芸人にトークとしてぶっこんできたのです。向こうからしたら軽いフリでしたが、現場は凍りつきました。後輩も、トラブルについて知っていましたから、なんとか取り繕おうとしてくれたそうです。マネジャーも現場に立ち会っていましたから、その事実はすぐに事務所の上層部に報告されました。そして、後日その部分はカットしてもらうことで決着しました。それを伝えられた僕は、

「これはもうヤバいな。こっから目くるめく速度で、マスコミに広がるんやろうな」

と感じ、トラブルが表沙汰《おもてざた》になるのを覚悟しました。

そして、事務所と話し合いをして、すべての生放送のレギュラー番組や、収録済みの番組を含めて、出演しているものをストップしてもらいました。とにかく、少しでもリスクを減らすことしか考えられませんでした。

そして7月中旬に、一斉にマスコミが報じます。

7月23日には松竹芸能を退所することを発表しました。

僕はその辺りのできごとをあまり覚えていません。当時の自分の精神状態や、身に起きたことがらは覚えています。ただ、それが人間の強さなのか、防御本能なのかわかりませんが、本当に辛かったはずのいろいろなできごとが「ポコっと」記憶から抜け落ちているのです。

そして、振り返ってみて、「不安にも種類があるんや」と気づきました。

将来に対する不安が投資に向かわせたことは説明しましたが、それよりも大きなものは、「未知のこと」に対する不安だと思ったのです。

投資トラブルを隠しようがないとわかったとき、僕はご飯が食べられなくなりました。食べてもすぐ、誰にもいわずにトイレに駆け込んで、すべてを戻してしまいます。固形物はサプリメントバーも受けつけません。栄養補給ゼリーでなんとか体調を保っている状況です。体重も13kg落ちました。

それが、報道された途端に食べられるようになりました。まだ、体重は落ち続けていましたが……。

そこを自分なりに俯瞰《ふかん》してみると、僕の不安の中心にあったのは「記事になるという現実」でした。

どういう報道をされるか、どんなトーンで書かれるか？　そこが未知数だったからです。「未知の不安」にビビっていたのでしょう。記事が出て「ついに白日の下にさらされたな」と観念しました。それでも、逆に自分の気持ちは落ち着きました。

ただ、どうしてもやりきれない思いをしたのは、「木本は仲間たちを騙《だま》したサギ師だ」とか、「後輩に30万円を持って来させて、強引に投資させた」などという事実無根の記事でした。エピソード05でも説明しましたが、僕は「投資に興味がある仲間」と交流を深める中で、こんな投資がいいんじゃないかという話をトコトンしていました。ですが、興味がない人を巻き込んで、「ええ投資話があるで」と肩を叩《たた》くようなまねは絶対にしていません。

そうした憶測の記事も含めて、「こんな感じで書かれるんや」「自分の状況はこうなんや」という事実を知る。報道のすべてが正確ではないとしても、そこを含めてどんなトーンなのかを把握できました。それによって、改めて自分の状況を客観視できたのです。別の言葉を使えば、「自分がどこまで落ちてしまったか」を、自分の中に〝刻み込む〟ことができたのです。

多くの人は「騒動が発覚したときが不安のピークでしょ」と思われるかもしれません。もちろん、それはそれで大変ではありました。自宅前にはマスコミが押し寄せ、家から一歩も出ることができませんでしたから。

ただ、「自分がどうなるかわからへん……」という不安が一番怖いことなんだ、と認識できたのは収穫でした。発覚前の数週間ほど、僕を極限の不安に陥《おとしい》れた状況はなかったからです。
僕たちTKOは、2023年の1月に活動再開会見を行いました。会見の前も不安はありましたが、それは「前向きな不安」「将来への不安」でした。「未知の不安」を経験した僕にとって、ビビるほどの事態ではなかったのです。

木本の戒め 13 自分の中にある不安の種類を見極めよう

14 不安と葛藤を抱える大物芸能人の告白

ある大御所の芸能人が不安を抱えているがゆえに投資をしている話をしました。
ここでは、それとは違う不安を抱える人物の話をします。
それは、僕が親しくさせていただいている大物芸能人の告白でした。

僕の投資トラブルが発覚してからのことです。外には飲みに行けないので、「リモート飲み」をしていました。最初は、僕に慰めの言葉をたくさんかけてくれました。

でも、その後に、「僕も苦しいですよ。怖いですよ」と、涙を浮かべながらしゃべりだしました。彼を不安にさせているのは、同ジャンルに属する新しい才能に対してです。

彼はいいます。

「自分自身の才能は信じているし、新しいものを作り出す自信もまだまだあります」

それは僕が持ちえていないものですから、そういい切ってしまえる彼に対して、素直に「かっちょええな」と思ったのです。

では、なにが不安なのかと尋ねると、

「そのスケールとスピードにショックを受けている」

というのです。

「それって、どういう意味なん？」

と聞くと、

「その新しい才能への世間の食いつき方のスピード、さらに世間の食いつき方の幅がバケモノじみているんですよ」

と説明してくれました。

僕でも知っているレベルの、〝新しい才能〟は、確かにデビューから一気にブレイクしていました。それも幅広い世代に人気を得ている人でした。

「いままで自分がやってきた活動、表現してきたことは間違っていないと思っている。それに世代も違うから、勝ち負けや優劣という考え方は正しいかどうかわからない。けれど、スタートダッシュという意味では自分は明らかに劣っている。そんなことを考えてしまって、この先、自分が急激に先細ってしまうかもしれないのが不安なんです」

と、その気持ちを正直に僕に伝えてくれました。

「木本さん頑張ってくださいね」と、直截《ちょくせつ》的な言葉で励まされるよりも、僕の心の深いところまで突き刺さりました。

彼ほど才能に溢《あふ》れた人であっても、

「いま、こんなことで苦しんでいるんですよ」

と、正直にこぼしてくれたことが、僕にエネルギーをくれました。

「誰だって大変なんや。大変なのは俺だけじゃあらへん」

そんなふうに、素直に受け止められたからです。

僕の心は、彼の言葉で「奮い立った」のです。

トラブルになる前の僕は、できるだけ、「自分だけが大変なんや」と思わないよう生きてきたつもりでした。さらには「大変なのはお前だけじゃあらへんのやで」などと、後輩に偉そうに語ってもいました。

これまで書いてきたように、自分から家族の責任を背負って、木下にもカッコつけて「自由に生きろ」なんて宣言しておきながら、本人がもっとも小さいせいで「転落」したのが僕でした。

すべては「身から出た錆《さび》」です。

むしろ、僕のせいで周りを「たいへんな目」に遭わせ、「不安な気持ち」にさせてしまいました。

にもかかわらず、騒動のさ中にあって、僕は「世界中でもっとも不幸なのが俺やな」という気分になっていました。

そこへ、「自分だけが大変なんじゃない」という「至極当然の真実」を気づかせてくれたその友人には、感謝しかありません。

木本の戒め 14

誰もが大変な思いをして生きている

15

投資はギャンブルではないと思っていた

ＴＫＯとして芸能活動を再開してから、まず立ち上げたのがＹｏｕＴｕｂｅの「ＴＫＯチャンネル」です。いまだに、いろいろと作法を学びながら試行錯誤を重ねていますが、以前から親しくつき合ってきた芸人さんと「相互乗り入れ」のコラボを数多くやらせていただきました。

そんな中、勝俣州和《かつまたくにかず》さんのチャンネルでこんな意味の指摘をされました。

「投資なんてギャンブルなんだから、それが失敗したからといって、あれこれいわれるのはおかしい。木本くんだって責任取る必要ないじゃん」

その言葉に、僕はハッとしました。

そして思い知らされました。投資とギャンブルが傍《はた》からは同じように見えるのだと。僕は、ＦＸや不動産への投資をギャンブルとは考えていなかったからです。

騒動になってあちこちから指摘を受けましたが、僕がお金を預けた人間は、金融商品取引法の届出登録すら行っていませんでした。違法な無登録業者だったのです。恥ずかしいことに、僕はそうした投資に関する法律すら確認をしていませんでした。

それを考えると、勝俣さんのご指摘は至極ごもっともで、「ぐうの音《ね》」もでませんでした。

すべて後出しの「いいわけ」ですが、僕はギャンブルにはまったく興味がありませんでした。あるロケで韓国の釜山《プサン》に訪れたときも、取材を終えた後に、「チップを渡しますから、カジノで遊んでみたらどうですか」と誘われました。僕はピクリとも食指が動くことはありませんでした。

そんな僕が、投資にのめり込んでしまったのは、前述したように「ビットコインバブル」を経験したからです。芸人としての仕事の先行きに不安を覚えた僕は、「もっと投資をしよう」と考えました。芸人としてそこそこ忙しくしていましたから、時間をかけてじっくりと取り組めないと思い込み、そんな道に走ってしまったのです。

また、暗号通貨の取引に失敗した現実が、僕の心に火をつけました。自分が子どもの頃からあった「一番になってやる。誰よりも詳しくなってやる」という負けん気が発動したのです。本も何十冊も読み込みましたし、プロの話も聞きました。投資に興味を持つ仲間たちと〝研究会〟を開いていたのは前述しましたが、身につけた知識を披露すると、

「木本さんの知識はすごいですね。プロ並みじゃないですか」

などと、おだてられて悦に入《い》っていたところがあったのです。

そうして興味を抱いたトピックに関しては徹底的に研究してしまう僕でしたが、仲間たちと投資の話をしているのが、「楽しいし、おもしろい」世界だったのです。ギャンブルと同様に、ネットやＩＴの世界にはもともと興味はありませんでした。

でも「楽しみながら、お金が増えるなら最高じゃん」という気持ちになっていて、自分がのめり込んでいるものが「ほとんどギャンブル」であるとは気づけませんでした。

いまさらながら振り返ると、「投資に関心」を向けてしまったのが、失敗の分岐点でした。なんども強調しているように、僕は興味がないことがらには関心の目を向けることがありません。でも、自分の中で「投資という扉」が開いてしまった。

そこに将来への不安。大御所芸能人でも投資をしているという事実。そして、僕自身が〝研究会〟の中心でいる心地いい状況。そんなものが複合的に絡み合って、「投資というギャンブル」に僕をのめり込ませたのだと思います。

さらに突き詰めると、自分が扉を開いたことにより、本来ならば呼び込むことがなかった人たちを引き寄せてしまったのです。

「うまい話には裏がある」
「おいしい話にはご用心」

投資サギに遭わないための格言です。僕だって、それくらいは知っています。ところが、投資に熱を上げているとき、そんな格言はこれっぽっちも頭に思い浮かびませんでした。

僕が投資に興味を持つ以前に戻れるのならば、

「じぶん、ギャンブルには興味なかったのちゃうんかい！」

と、全力で止めると思います。

興味がないことに手を出すと、身の破滅につながる。それは、当たり前の真実です。でも僕は「不安からくる興味」にまんまと乗っかってしまいました。

木本の戒め ⑮ 不安から湧き上がってくる興味にはご用心

16 「信用されること」がモットーだった

「報道されると、いろんな誤解を生むんやろな」

投資トラブルが報道される直前、僕はそんなふうに思っていました。

その結果、信用を失うだろうと。

僕は、

「信用されること」
「人から信用を失うのがなによりも一番怖いこと」

をモットーに生きてきました。
それは父からも口すっぱくいわれてきたことでした。

さらに、〝説教キャラ木本〟は、周りの人間にも「人から信用されるのが大事やで」と声を大きくして伝えてきた人間だったのです。

その自分が、多くの人からの信用を失う過ちを犯しました。
僕はそのとき、芸人・ＴＫＯ木本武宏は「詰んだ」と思いました。
それ以上に人間・木本武宏の信用が「地に落ちた」と感じました。

小学校のときからリーダーシップを発揮して「これはおもろいで」と周りにたくさんの

ものごとを〝推し活〟してきました。芸人になってからも、それは続いていました。のちに詳しく話したいと思いますが、家電芸人として、「木本きっかけで売れた」「木本きっかけで芸能界に浸透した」アイテムがいくつもありました。それが可能だったのは、僕の周りを巻き込む話術と、「木本がいうことなら間違いない」という信用があったからにほかなりません。

それが、投資トラブルによって大暴落したのです。

「人から信用されること」の裏返しに、「人を信用すること」があります。そこでも僕はしくじってしまいました。ＦＸの運用を任せていたAという男とは、家族ぐるみでつき合っていたつもりです。彼だけでなく、母親とも電話をする仲でしたから。僕としてはファミリーに裏切られるのは完全に想定外。こちらはファミリーと思って信頼していましたし、向こうも同様だと疑いもしませんでした。

そこが僕の甘さです。

また、別の意味で「ああ、そうなんや」と思い知らされたことがありました。

Aに逃げられた後、どうやってことを収めるか仲間たちと話しているときでした。ある人物が僕にこう詰め寄りました。

「だって、私は木本さんを信用してお金を出したんです。木本さんは、その信用を裏切った。木本さんがお金を返済するのはとうぜんです」

僕に反論する気力はありませんでした。

まだ暗号通貨に手を出している時代、仲間の一人が、いわゆる「草コイン」と呼ばれる、海のものとも山のものともつかないような怪しい暗号通貨に手を出していました。別ルートから聞き込んだ情報を鵜呑《うの》みにして買ったようでした。僕は彼に本気で怒りました。「そのコインはあかん、ビットコインに替えとき」とアドバイスをしました。「仲間の誰にも損をさせたくない」からです。いま思えば正義の味方ヅラをしていて恥ずかしいのですが、仲間たちからは感謝されました。そうやって、ワイワイガヤガヤ楽しみつつ投資の知識を共有しながら、みんなで「儲《もう》ける」ことを夢想していました。その過程で、僕自身の信用も高まっていったと感じていたのです。

一歩一歩、地道に蓄積していた「木本武宏の信用」が、失われてしまった。これはどんなことよりも、心にダメージを与えました。

億単位の借金を抱えたこと以上の「喪失感」です。

「人生で一番大切なものを失くしてしまった」

僕の頭の中をそのフレーズがグルングルンと回っていました。

木本の戒め 16

人からの信用を失う不安ほど大きいものはない

17 芸人以外の「柱」が見つからない

芸人としての先行きに不安を感じるようになってきた40代において、僕は芸人以外の「柱」をどうやって建てようかと模索していました。

芸人の世界で成功するかどうかは博打《ばくち》のようなものです。ギャンブルに興味がもてなかったのは、僕の人生がギャンブルみたいなものだからかもしれません。売れるかどうかは本当に運次第ですから。

幸運にも僕らは「そこそこ売れっ子」まではたどり着くことができました。ただ、自分たちの冠番組をもてなかった芸人としての仕事は「たぶん楽しくなくなるのやろな」という予感がありました。それでも、自らのブランディングとしては「華やか」に見えるように装わなければいけない。

誰でも思いつくことでしたが、僕はその手段として「NHK朝ドラ」のオーディションを受けにいきました。当時の僕は中村玉緒《なかむらたまお》さんにとてもお世話になっていました。玉緒さんのすべての仕事を把握しておきたかった僕は、ナレーションを担当されていた『てっぱん』という朝ドラを熱心に観ていたのです。

そして、オーディション当日、与えられた課題はまさに『てっぱん』の台本を読んで演技するというものでした。セリフが頭に残っていた僕は、ある役柄について台本をいっさい見ずに演じることができました。それが功を奏したかどうかは不明ですが、『ごちそうさん』という大阪放送局制作の朝ドラに、主人公の夫の上司役での出演がかなったのです。

朝ドラが大好きだった僕の祖母もことのほか喜んでくれました。視聴率もよかったので、役者・木本武宏のデビューとしては最高でした。ドラマ業界でも注目される作品でしたから、この出演をきっかけに民放のドラマや、映画にもお声がけいただけるようになりました。

芸人と役者。この2本柱でやっていければ、釣り合いが取れるんじゃないかと考えていました。

一方で、僕の中には「演技の世界で生きるのは恐れ多い」という気持ちがありました。「お笑いで仕事ができているからこそ、呼んでくれてんねんで」という現実。畑違いの人間をたまたまおもしろがってもらっているだけだと思っていました。たとえば「俺、お芝居一本でやるわ」となったら、一気に需要がなくなるに違いないのです。

現状はあくまでも間に合わせで、木本武宏のプレゼン手段として「お笑いと演技」の両翼でやっているだけでした。「本物の演技力がない」という化けの皮が剝《は》がれたとき、「細い柱しか残らへんな」となんだか妙な不安を感じました。

細い柱しかなければ、収入が不安定になることは明白です。そうなったときに、芸能界の中の立ち位置などの見栄《みえ》の部分よりも「どうやって老後をすごすんやろ」という現実的なことばかりが頭に浮かびます。仕事はちょっとずつ減り出している。でも、ギャラはアップしていない。しかも仕事の質も落ちてきている。

「50歳にまだタッチしていないのにこの状態やったら、50歳になったときにはもっと顕著に影響が出るんやろな」

税理士さんからも「なにか事業をやってください」と急《せ》かされていました。僕は友人の助けをかりて、ちっちゃな映像制作の会社を作りましたが、趣味の延長みたいなもので、収入の柱にはなりません。事業をやるといっても、そこそこ忙しいので、専念する時間はとても作れそうにありませんでした。

「柱になるものはないか、なにが柱になるんだろう」

と、焦る気持ちが積み重なっていった中で、暗号通貨に出会い、大物芸能人の現実を聞いて、「投資しかない」と思い込むようになっていったのです。

僕は「稼ぐためならば手段を選ばない」のはカッコ悪いとすら思っていました。「安易に稼ぐ」ところから、もっとも遠いところで生きていた僕にとって、「投資の扉」はイコール「転落への扉」でした。

いまＴＫＯは、地獄から再スタートして、お笑いの王道である「コント」の道を突き進んでいます。自分たちの原点である「一本柱」の力を信じて。

木本の戒め 17

自分にある「大きな柱」を信じよう

18 不動産投資でＦＸの損失をカバーするつもりが……

「木本さん、じつは僕もＡにお金を預けていたんです」

と切り出したのは、飲食店などを経営していたＢという男です。芸能界にも近くて、陽気で愛想のいい、憎めない男でした。10年くらい前からときどき飲みに行く弟分的な存在でした。

Ａに飛ばれた後に、Ｂから連絡がありました。冒頭の言葉はそのときのものでした。Ｂ

も以前はそれほど羽振りよくありませんでしたが、偶然出会ったときに、８００万円はする国産の最高級クラスのクルマを運転手つきで乗り回すようになっていました。

そんなＢもＡに金を預けていた。僕らは〝被害者の同志〟として相談をするようになります。彼は、Ａに被った損害を「勉強代だと思っています」といい、「僕はいま不動産投資で、ちょっといい感じなんですよ」と笑顔で語ります。そして、「なんとか木本さんを助けたい」ともいってくれました。


「そんなに成功してるんやね」

僕は感心しました。


「不動産は土ですから、水もののＦＸ投資とは違って〝固い〟ですからね」

Ｂは自信満々に続けます。

「じつは、僕の知り合いにすごい会長がいて、その人しか触れない土地があるんですよ。年になんどか、その案件に参加させてもらっているんです」

冷静に考えれば、怪しい土地取引なのですが、僕はＦＸの損失をどうやって埋めようとしか考えられず、より詳しく話を聞きました。

「扱うのが不動産ですから、はっきりと利回りは申し上げられませんが、うまくいけば、倍とか50％以上の値上がりもありえます」と保証はできないけれど確実に儲かるというニュアンスでした。

僕は「マジか？」となりました。それが実現すれば、損失を補って余りある。じっさいに別の投資家が高額配当を受け取っているのも確認しました。

そして、僕はＦＸで損失を出してしまったメンバーにも相談して、「返済の足しにするために、不動産投資をやってみようと思う」と伝えました。ほかのメンバーも出資を決め、僕自身は１０００万円を投じました。僕を含めた４人からＢに渡った総額は5億円になっていました。

投資したお金は、短期では利益が出ませんでした。詳しい内容を聞こうとしても、「たとえ木本さんでも、それだけはいえません。極秘の案件なので、会長に知れたら、僕が切られてしまうんで」

そう返事されると、こちらにはどうしようもありません。Ｂはまさに〝救世主〟でしたから、とにかく結果を出して欲しくて、藁《わら》にもすがる思いしかありませんでした。

ですが、1カ月後には「1カ月遅れるようです」。2カ月が経っても「上手《うま》いことといってません」と、お金が戻ってきません。僕の忍耐は限界に達し、「もう投資はしなくていいから、出した分だけでも返済してくれ」とBに伝えました。

「確実にちゃんと投資される話です。それを途中で止めてお金を抜いてしまうと、会長が立腹して、僕がつき合いを切られてしまうので、それだけは勘弁してください」とBが泣きついてきたのです。

それでもちょっとずつお金も戻ってきたのですが、僕は「もう限界や、どうすんねん」と問い詰めると、会長が日付を設定して、木本さんに直接謝罪の上、利益と一緒に戻したいと連絡がありました。

その約束の前日に自宅に内容証明が届いたのです。Bの弁護士を通じたその文書の大意は「現在のところはお支払いできません。でも、支払う意思はあります」というものでした。

僕はその文書に目を通した瞬間、膝《ひざ》から崩れ落ちました。

なんてことはない、結局、僕はBにも騙されたのでした。

ＦＸに続いて、僕は投資メンバーたちを巻き込んで損失を出してしまいました。すべては僕の責任です。

ＢもＡに騙されたというとっかかりに勝手にシンパシーを感じ、自動的に信用してしまった。10年ほどのつき合いがあったＢが、はじめから僕を騙すつもりだったかはわかりません。後から調べると、これはポンジスキームという、典型的なサギの手口にそっくりでした。

「不安」から始まった、僕の投資物語は、悲劇的な最期を迎えたのです。

木本の戒め 18

サギ師はサギ師の顔で近づいてこない

19 投資でこけた僕に持ちかけられた新たな儲け話

投資トラブルが報道されて、僕が自宅に謹慎しているときです。ある日、友人とリモートで話す機会がありました。

彼は「木本さんを助けたいんだけど」といってPCR検査キットを扱う会社の話を始めました。

なんでも、その会社と紐《ひも》づいているファンドがあり、助成金が出るからすごく儲かっているそうです。投資すれば1年間毎月20％の金利で回る。「もし可能だったら、そこにお金を入れればけっこうな助けになるんじゃないかな」と真面目な顔で教えてくれました。

僕は、「こんなんなってる俺に、よく投資の話を振ってくるな」と内心あきれながらも「お金なんてないし、気持ちだけ受け取らせてな」とスルーしました。

その2カ月後くらいでしょうか。テレビがくだんのPCRキットの会社による「30億円サギ」を報道したのです。「やっぱりな」とまでは思わなかったのですが、その人の顔を思い浮かべました。彼自身は投資や出資を積極的に仲介するような人間ではありません。たまたまお金儲けになりそうな話を聞いたので、弱っている木本に教えてやろうという純粋な親切心だったに違いありません。僕のことを騙そうなんてこれっぽっちも考えていなかったはず。でも、そうした「人の善意」はときとして「悪意」と紙一重なんだと妙に感心しました。

僕の「弱り目」が「自分たちの利益になるかも」と勘づいた知人から、久しぶりに連絡がくることが多くなりました。仕事上のつき合いがありますが、距離感はそれほど親しいともいえない人たちです。彼らは「きもっちゃん、たいへんやろ。こんな仕事があるんだけど」という前振りで、僕に働く場を与えて、収入の道を作ってあげたいとアプローチしてきます。

怪しい仕事ではありません。きちんとした仕事です。でも、その仕事を持ちかけてくる本人の〝動機〟が不純なのが、その口ぶりから透けて見えるのです。

トラブルを起こした木本を使えば、確実に世間の話題になる。その結果、仕事を仲介した「自分」もきっちり儲けられる。そんな「見せかけの善意」を押しつけるようにオファーする人に対して、僕はあいまいな返事をせざるを得ません。「地に落ちた」僕の現状を思い知らされるようでとても辛かった。

「大丈夫か？」と僕のことを心配する態度を装いながら、本音としては僕を利用すべく近づいてきた人が複数いました。僕個人としては、その人たちを憎からず思っていたので、

「いまの俺にそんな危ない話を持ってくるんや」と、心の底からがっかりしました。

自分が騙されたからいうわけではありませんが、これからの時代はリアルに善意を見極めるセンスや判断力が、より必要になると思います。


善意は喜んで受け取るべきである。


おそらく真理です。さらに、表面的にはそれが正しい態度だと思います。だからこそ〝善意の裏側〟まで見通す洞察力が求められるのではないでしょうか。

いろいろな人から「弱みにつけ込まれる」日々でひとつだけ学びがありました。それは「心の底から気遣ってくれる人」と「商売のツールとしか見なしていない人」が、僕の中ではっきりと線引きできたことです。

どんな境遇にあろうと僕のことを心配してくれる人を大切にしたい。そんな心境にあるのです。

木の本戒め

19

見せかけの善意は、悪意よりも残酷

第3章

成功体験の落とし穴

この章では、僕がこれまでどのようにして周りを巻き込んで、成功体験をシェアしてきたのかを説明したいと思います。第1、2章では「ちっさくて、間抜けな木本」のエピソードばかりでしたが、僕は僕なりに、小学生のときから成功体験を重ねてきていたのです。振り返れば、いかにも子どものエピソードかもしれませんが、木本武宏という人間の骨格を作ってきたのは明らかです。「なるほどね」と笑って読んでもらえると嬉《うれ》しいです。

20 子ども武宏の成功体験① ドラえもん

木本武宏という人格を作り上げる原点はなんだったのかと記憶をたどってみました。マンガをクラスメイトに広めたことがそれだと思い当たりました。

僕が『ドラえもん』に出会ったのは、正月に親戚《しんせき》の家を訪ねたときでした。たぶん、小学校2年生の冬です。コミックス1巻がその家にあって、僕はそれを手に取りました。「これはおもろい」と、すぐに感じたので、お年玉で1巻を買います。もう1回読み始めるとおもしろすぎて、もう手が擦《す》り切れるくらい何度も何度も読み返しました。

そして、正月休みが明けて、3学期が始まったときに学校に持って行きました。プレゼンというには稚拙《ちせつ》だったと思うのですが、クラスメイトに「『ドラえもん』ってめっちゃおもろいねん」と伝えて、回し読みをしてもらいました。

そうしたら、みんなが『ドラえもん』にハマってくれたんです。

客観的には、僕が住んでいた大阪府大東市だけでなく、全国各地で同じ現象が起きていたのかもしれません。でも、僕が住んでいる狭い世界においては、僕がおすすめしたことがきっかけで、友だちがハマっていく場面を目と耳で感じてしまいました。

「こんなおもろいものを木本が教えてくれた」

そんなふうに友だちからいわれたときの高揚感は、僕を中毒にさせるのに十分でした。味をしめた僕は、次から次へとおすすめのマンガを同級生にプレゼンするようになります。

週刊少年ジャンプで連載していた『こち亀《かめ》（こちら葛飾《かつしか》区亀有《かめあり》公園前派出所）』や、週刊少年チャンピオンで連載していた『ブラックジャック』を持ってきては、

「めっちゃおもろいで」

とすすめる子どもになっていました。

クラスの中で僕きっかけのブームを作るのがどんどん楽しくなっていきました。

では、僕がなんで次から次へとおすすめマンガをプレゼンできたのでしょう。ちっちゃな自動車整備工場を経営している家の長男なのに、どうやってマンガをたくさん読めたのか。そこにも、子ども武宏が〝暗躍〟していました。

Cくんという書店の息子が同じクラスにいました。当時はそんな言葉はありませんでしたが、いまでいう「発達障害」とか「グレーゾーン」にあたる子どもだったと思われます。たいていの子がこなせる課題をできないことも多いので、「軽いいじめ」の対象になっていました。僕はそれが許せなかった。自分でも理由はわからないのですが、彼が好きだったんです（理屈よりも肌感覚として側にいたいくらいの感じでしょうか）。彼をクラスメイトから守っているうちに、彼の家に行くようになります。そこでお母さんから「缶ジュースをなんぼでも好きに飲んでな」といわれます。書店の前には自動販売機が備えつけられていたので、たくさんのストックが家にありました。

さらには本屋さんですから、新刊マンガが無尽蔵に届く。彼を守るためにいるのか、マンガとジュースが目当てなのか、いつの間にかわからなくなっていましたが、彼の家に入り浸っていました。

「Cは悪いやつじゃない」と伝えるうちに、理解してくれる人も増えました。そんな連中もCくんの家にくるようになる。友だちが増えれば、学校でのいじめも減るので、不登校気味だった彼もちゃんと通えるようになる。

子ども武宏のそもそもの動機は、それほど崇高なものではありませんでした。

それでも、結果としてクラスが仲よくなって、Cくんが毎日学校に通えるようになった。自分の〝もくろみ〟を達成して高揚感を得る原点は、ここにあったと思います。

木本の戒め 20

〝推し活〟と友だちを守ることで達成感を得る

21 子ども武宏の成功体験② チェッカーズ

マンガに続いてハマったのが歌謡曲でした。当時はテレビもラジオも音楽番組がたくさんありました。とにかく人より先に知りたいという願望が強くて、あらゆる番組を聴き込んでいました。そこから自分がハマったものをピックアップしてみんなに伝えるという、一連の流れができます。

たのきんトリオなどを経由してどハマりしたのが、チェッカーズです。

僕が小学校6年生の9月にデビューしました。曲はもちろんですが、藤井《ふじい》フミヤさんのスタイルに憧《あこが》れました。まず、服装から真似ていって、次は髪型です。といっても大阪の片田舎の理髪店では「郁弥《ふみや》カット」は難易度が高かったようです。写真を見せて「これと同じにしてください」とカットしてもらいましたが、どうにも違和感がありました。そりゃ500円で切ってくれるところでは無理です。

近所に住む、ちょっと年上のお姉さんに聞いてみたところ、「私の行ってる美容室は、チェッカーズみたいな髪をしたお兄さんが切ってるよ」と教えてくれたんです。さっそく、お姉さんに連れていってもらうことに。僕の美容室デビューでした。おかげで「郁弥さんぽい」髪型になれました。

当時は中学生になっていたので、学校に行くと多くの人が「うわー、郁弥やん」と注目してきます。とうぜん、「どこで切ったん?」と聞かれるので、「あんな、うちの近所の美容室にな……」という僕の〝推し活〟がまた始まるのです。

さらには、アクセサリーも真似しようと試みます。雑誌を読んでも、郁弥さんと同じネックレスがどこに売っているかもわかりません。大東市はむろんのこと、大阪の中心地・梅田《うめだ》にもそれに近いものは売っていませんでした。東京では買えるようでしたが、大阪の中学生にはハードルが高い。それでも近所を探し回って、ホームセンターまでいかない規模の金具屋さんを見つけました。そこはボールチェーンが売っていて、ちょうどいいサイズにカットしてもらえば、「それっぽいアクセサリー」になりました。郁弥さんが着けている本物のシルバーボールチェーンには及びませんが、お金のない中学生には十分です。

それを仲間たちで作って、お揃いで着けたり、作り方を伝授したりしました。

次にアーティストで〝推し活〟をしたのは渡辺美里《わたなべみさと》さんです。彼女のデビューは1985年。セカンドシングル『GROWIN' UP』という曲がリリースされたタイミングでした。深夜ラジオ『MBSヤングタウン』で、パーソナリティの嘉門達夫《かもんたつお》さんが「この曲をヒットさせたいので、リスナーのみんなも応援してくれ」と呼びかけました。

僕も子どもながらに、「絶対オリコンチャートにランクインさせてやんねん」と勝手な使命感にかられました。チラシを自主制作して、住道の駅前で「渡辺美里さんの『GROWIN' UP』をよろしくお願いします」と声を出しながら配り歩きました。木下はそんな僕に呆《あき》れ顔でしたが……。加えて、所属していたサッカーチームの遠征にラジカセを持ちこんで、録音した『GROWIN' UP』をリピート再生しました。そうやって歌詞を覚えてもらってから、バスの中で「みんなで歌おうや」なんて、チームメイトたちを煽動《せんどう》していたのです。

4枚めのシングル『My Revolution』で渡辺美里さんは大ブレイクします。これも結果論で、僕の自己満足にすぎませんが、僕の〝先見の明〟は正しかったのです。

大人になった僕からしても、よくそんなに熱心に動いていたなと思います。でも、僕の中では、〝推し〟スイッチが入ると、とにかく周りに「ええやろ」とすすめて「ええな」と返してもらうことが喜びでしかありませんでした。そんな「おせっかい」を中学1年生のときからすでに全開バリバリに発揮していました。

木本の戒め 21
マイブームをみんなのブームにする喜び

22 子ども武宏〝成功の法則〟を身につける

僕の〝推し活〟には、一定の法則があるように思います。

スタートは「俺、これ好きやねん」という人やモノや情報を僕なりの嗅覚《きゅうかく》で見つけてくるところから始まります。そういう〝推し〟を周囲に紹介しまくって、「わ！　いいな」と反応してくれる友人とばかりつるむようになります。そうすると、とうぜんリーダーになるんです。

大人の言葉でいえば「新しいカルチャー」、子どもの言葉ならば「新しい遊び道具」を運んでくるのが僕でした。目新しいものには自然と人が集まります。それを中心に楽しみながら遊ぶとおもしろい。そんな成功体験を、もう細胞レベルで覚えていきます。それが、子どもから大人になり、芸人になっても続いている。

それが永遠に続いているという意味では、僕は「ピーターパン」みたいなやつなのかもしれません。


僕が〝推す〟ものすべてが流行《はや》るわけではありませんが、そうやって導くためには、僕なりの工夫があります。


「なんでそれにハマったのか？」

理由をちゃんと説明するのです。

『ドラえもん』にしても、ひとことにまとめると「これおもろいで」なのですが、そのままズバリでおすすめはしません。
正月に親戚の家で『ドラえもん』に出会ったと前述しましたが、僕は、あまりしゃべったことがない親戚のおっちゃん・おばちゃんの家にポツンと独り取り残されていました。両親はなにかの理由で外出していたからです。

「ほんまに家に帰りたくて退屈やった。なんにもする気が起こらなかったんやけど、たまたま目に入ったマンガが『ドラえもん』やってん。手に取って読んでみたらな、家に帰りたくなったぐらいおもしろかってん」

テンションダダ下がりの気持ちから、一気にアゲアゲになったのを、状況を含めて説明するんです。

だから「自分はおもろい」と確信していますが、相手にそれを「ハメたい」とか「染まらせたい」という、強引にこちら側に引き込むようには伝えないんです。なぜなら、「おもろいよ」とそのまま伝えても、相手の状況によっては「おもろいかも知らんけど、いまはその気分ちゃうねん」ということがあるからです。なにせ長男だったので、普段からあまり「人にすすめられる」ことがありません。ふつうに「これ食べてみ」と渡されても、拒否反応が強い子どもでした。ガキの分際でしたが、単純にすすめられるのにはストレスを感じてしまっていたのです。

そんな大人と同じ振る舞いをしたくなかった僕は、子どもながらにそのストレスを取り除きたかった。だから、マイナスのテンションから説明して、その人の現在の気持ちがどんなテンションであっても対応できるしゃべり方を身につけたんです。

最近の僕のおすすめはなんといっても「サウナ」です。

木本武宏個人のYouTubeチャンネル『キモトゥーブ2』でも、さまざまな芸人・タレントさんをゲストにお招きして、一緒にサウナに入っています。

そんな芸人さんにも、「サウナは好きじゃないんですよ」と語る人がけっこういます。そんなときは、

「ほんまに俺もサウナ嫌いで、水風呂《ぶろ》も嫌いやった」

必ず「自分だってもともとはサウナ好きじゃなかった」エピソードから始めます。そうすると、内心は「押しつけられているようで嫌だな」と思っている人も安心してくれる。

「スタートは一緒なんや」と納得した上でサウナに入ってもらいたい。「もとからサウナ好きやから、サウナがいいっていってんちゃうの？」と思われるのが悔しい。僕自身の経験によるだから、ちゃんと自分の心の中で起こった動きを丁寧に説明する。

と、「ハマる」のは心の振り幅が大きいときです。興味なかったモノやコトを経験したときに、一転して大好きになる瞬間があります。そうすると「僕と同じ体験をして欲しい」と人に紹介したくなるんです。人の気持ちを推し測らずに、いきなりドアをポーンと開けるのではなく「ちょっと聞いてくれへん」という謙虚さで〝推す〟というのが、僕なりの成功法則だと思っています。

サウナに関しては、騒動後も懲りずに、会う人会う人に「サウナでととのえへんか？」とすすめまくっています。あの手この手でととのわせようとするので、最近は〝ととのいハラスメント〟と呼ばれています。

木本の戒め 22 テンション低い相手こそ、謙虚に〝推す〟

23 芸人・木本武宏の成功体験① バルミューダ

この話を公にするのは初めてですが、僕は家電メーカー・バルミューダが躍進する一端を担っていました。エピソード07で少し触れましたが、『アメトーーク！』でバルミューダの「グリーンファン」を僕が紹介したからです。あの有名な「ザ トースター」が世に出る何年も前でした。

『アメトーーク！』最初の出演で白物家電を紹介して「燃え尽きて」いた僕は、2回めの出演が決まったものの、なにを紹介したらよいかアイデアの引き出しが枯渇していました。

そんなとき、事務所から電話がかかってきます。

「バルミューダっていう会社、知ってます？」

「知らん」と僕は答えました。

社長を名乗る人が飛び込みで来ていると。オフだった僕は「行くわ」と返事して会社に駆けつけました。

「初めまして寺尾《てらお》です」「木本です」という挨拶《あいさつ》を交わします。名刺には有限会社バルミユーダデザイン代表取締役社長・寺尾玄《げん》とありました。彼は、一人で汗をダラダラかきながら段ボールを抱えていました。

「『アメトーーク！』を見させていただきました。お仕事のお願いという立場でもないのですが、とにかくご覧いただきたい一心で来ました」と寺尾さん。

僕も今後の材料が欲しかったので、「はい」と答えました。寺尾さんが出してきたのが、グリーンファンという名前で売り出す予定になっている扇風機でした。異なる構造の羽根二枚で構成されています。仕組みは説明を受けましたが、完全に理解できているかはわかりません。「木本さん、扇風機の前に立ってください」と促され、風を受けました。柔らかい自然な風でした。「扇風機から外れてください」といわれるまま動くと、羽根の正面でなくても森林浴のようなスーッとした風が僕の顔をなでました。

僕は「すげーなこれ」と感動しました。

「寺尾さん、これはぜひ僕にプレゼンさせてください。実機を貸していただけませんか」とお願いしました。

「ぜひ出してください」と、寺尾さんもご快諾くださいました。

当時のバルミューダは社員が3名。この製品が駄目だったら会社をたたむつもりだった、と寺尾さんはのちに教えてくれました。

　グリーンファンの新製品発表会は2010年4月1日に行われました。奇《く》しくも僕が『アメトーーク！』で紹介した日と重なりました。製品じたいが素晴らしかったことが最大の要因だと思いますが、オンエアの翌日には初回生産分が完売し、家電量販店からの注文の電話が鳴りやまなかったそうです。

『行こう、どこにもなかった方法で』（新潮社）という寺尾さんの自伝があります。当時のマネジャーの要請で匿名になっていますが、僕とのやりとりが記載されています。マネジャー側が、寺尾さんと紹介の報酬について相談したやりとりもあります。ですが、僕は「そんなみっともないことはやめてくれ」と、マネジャーに報酬を断るように伝えました。僕は、純粋に「グリーンファン」のカッコよさに惚《ほ》れて、紹介したかっただけだからです。

　この件をきっかけにして、寺尾さんとのおつき合いが始まりました。寺尾さんと同世代の僕は、会うたびにすごい刺激を受けます。それだけで、僕の心は満足でした。

24 芸人・木本武宏の成功体験② ポタニーニの化粧水

バルミューダの「グリーンファン」をプレゼンして売れたことで味をしめたつもりはありませんが、世の中にはほぼ知られていないけれど、じつは僕が「世に広まるきっかけを担った」商品がほかにもいくつかあるのです。

そのひとつが「低周波電気ブラシ」です。櫛《くし》の歯のようにはえたピンヘッドから、低周波の電気がピリピリと流れます。頭はもちろん、顔や肩、首に当てるとリフトアップなどの効果が期待できる美容機器です。たまたま現場でご一緒した大阪のメイクさんに「木本さん1回使ってみてください」といわれて、試してみました。

「これはすごい」と、また僕は思いました。

スイッチが入ってしまうと、僕のそこからの行動は速いです。扱っている会社が大阪・梅田のほど近くにあったので、地元の仕事終わりにいきなり電話して「社長に会わせてください」とアポをねじ込みました。

会っていただいて、「これってどういう仕組みですか?」と尋ねて、その構造や効果を頭に入れました。ただ、もともとエステサロンで使われるものだったので、20万円はする高額商品。さすがに美容機器とはいえ高いなと思い、

「ちょっと割引して売っていただけませんか？　僕、いろいろなところで宣伝したいですわ」と持ちかけました。

先方も、

「ありがとうございます。でしたら1台提供させてもらうので、うまいことお願いします」

という取引が成立しました。そこからは、常に持ち歩いて、メイクするときには必ずそのブラシを使っていました。珍しいものでしたから、収録前のヘアメイクさんから「なんですかそれ？」と必ず聞かれます。

「これな、〇〇ブラシゆうねん」と、商品名を挙げていつもの木本トークを全開にします。

その結果、芸能界にもバーっと広まります。超売れっ子タレントさんと同じ現場になり、彼女にもその魅力を伝えました。すると、本人もじっさいに使い始めて、雑誌に紹介して

くれました。影響力ある彼女の力もあって「完売」という結果になる。ほかに、高機能シャワーヘッドの先駆けとされる商品も、僕が初期の頃から推していた商品です。

家電ではありませんが、僕の中で最大のヒットであり、現在もおすすめなのが、「ポタニーニ」の化粧水です。ヘア&メイクアップアーティストの実山幸恵《じつやまゆきえ》さんが開発したものですが、僕自身も愛用しています。本当にいいので、会う人会う人に「おすすめやで」と〝営業〟していました。じっさいに使ってくれた多くの人から「あれよかったよ」と絶賛してもらえました。僕とよく現場が一緒になるメイクさんの大半がポタニーニの化粧水に切り替えてくれました。僕は、プロの美容家のおメガネにかなって〝得意満面〟でした。

木下からは「その化粧水の会社からマージンでももうてんの」とツッコまれましたが、そんな事実はいっさいありません。かくいう木下もその化粧水を愛用してくれているのです。

このように、僕が気に入って愛用したものが、芸能界に浸透し、一般の方にも広がるという経験をいくどもしてきました。その成功体験に酔っていたのでしょう。「俺のメガネに間違いはない」という過信が、投資トラブルにもつながっていったのです。

25 全力応援、全力推しでみんなハッピーに

僕なりの成功体験についてつづってきましたが、みなさんはどんな感想をお持ちでしょうか？

僕自身は、「いい」と思った人やモノや情報は、全力で応援したくなり、全力ですすめたくなります。使った人、知った人がハッピーになってくれれば、それでいい。

バルミューダの項でも触れましたが、僕は紹介による報酬は求めません。事務所としてはタレントのネームバリューを活《い》かして商品を紹介するのですから、「なんらかの見返り」を求めたくなるのはとうぜんです。そこは僕も理解しています。ただ、僕は報酬を得て〝推し活〟する気はありませんでした。それでも、家電芸人として知られるにつれて、

そういう案件を持ちこまれることが増えました。

やむなく、その商品に触れても、僕の気持ちが動くことはありませんでした。仕事量に対してギャラが圧倒的によかったものを一度だけ受けましたが、「心からのおすすめ」というテンションにはなれずじまいでした。自分の心の〝琴線〟に触れて「これはいい」と反応しない限り、興味関心が湧かないのは子どもの頃から変わりません。

ポタニーニの化粧水に関しても報酬は受け取っていません。「ｎｅｒｄｓ《ナーズ》」という実山さんが経営する美容室に僕は20年くらい通っています。彼女のカット技術をものすごく信頼しているからです。

僕は顔に華がないので、髪型だけは若作りに見えすぎず、年相応だけどちゃんと気を遣っているように見えて、なおかつ洋服が似合う髪型にしたかったのです。彼女に髪を切ってもらうと、芸人木本でも、俳優木本でも、「ああそんな人、マジでいそう」という感じで、そのときどきにちょうどいい塩梅《あんばい》の髪型を作ってくれます。ＴＫＯのコントは、一般的な仕事や役職をベースに「そんな人おるおる」が骨格になっていることが多いです。そのキャラクター作りに大きく貢献してくれているのが実山さんです。名前を挙げればキリがないのですが、名だたる俳優さんでも彼女のカットでなければダメという人がたくさんいます。

　僕は家族ぐるみのおつき合いをさせていただいて、もう完全に尊敬しかない人です。その実山さんがモデル・役者のために作った化粧水ですから、いいものに決まっています。ただ、凝りすぎてしまい、とても薄利で売る商品になっていました。

　でも、「本当にいい化粧水だから売れて欲しい」だけなのです。

　繰り返しになりますが、僕はいろいろな現場で「ほんまにこの化粧水はいいよ。よかったら使ったって」と営業していました。「木本さん、使いたいです」と声をかけられたら、芸能人でもメイクさんでもｎｅｒｄｓに直接つなぐところまでが僕の役割です。彼らのメリットは「業界割引」として2割引で購入できるというものです。木下がいみじくもツッコみましたが、僕はそこでマージンはいっさい取っていません。

　じつは騒動になってから、ある週刊誌が「木本が化粧水で中間搾取」というネタとして取材に動いたようです。僕は1銭もいただいていませんから、裏など取れるはずがありません。もちろん、記事にはなりませんでした。

　いま、この化粧水は芸能界だけでなく、一般の方からも愛される商品に成長しました。ただ、ここに至るまでには山あり谷ありでした。その過程を一緒に走っていた僕は、「諦《あきら》めずに、なんとか売れて欲しい」という気持ちしかありませんでした。

化粧水が売れて、少しでも儲《もう》かって、また新しいものを作っていけるサイクルができればいいと、ずっと考えていました。

それが僕の〝まごころ〟です。

ただ、ここまで考えてみて、あるひとつの感情が確実に存在することに気づきました。

金銭的な報酬は求めないけれど、〝ありがとうの報酬〟は欲している。

僕にとってはそれこそが最大の「見返り」です。

尊敬してやまない実山さんから、

「きもっちゃん、ありがとうな」

「きもっちゃん、ホントによくやってくれたな」


そんな言葉が返ってくれば、それだけで心が満たされるのです。

あきれるしかありませんが、小学校からずっと同じことをやり続けています。もちろん、子どもが「お金に換算する」などと考えないでしょうが、大人になれば、自分が貢献していることに対して金銭的報酬を求めるのは社会的常識です。

ただ、僕はその気持ちが薄い、というかほぼありません。

これだけは間違いのない本音です。

木本の戒め 25

報酬は求めない。〝感謝〟の見返りさえあれば

26

鶴瓶師匠の教え① 「売れた」と簡単に口にするな

『爆笑レッドカーペット』をきっかけに、お笑いコンビTKOとしては、東京でもそこそこに知名度が上がりました。いろんなバラエティ番組に1周り、2周りと呼んでもらえた。スケジュールは真っ黒になりました。そんなタイミングで木下が1クールのドラマに出演が決まりました。「よかったやん」と送り出したものの、僕の仕事はスカスカになりました。ピン芸人としての僕のニーズはそんなものなのだと知り、「木下あってのTKOなんやな」と完全に理解できたんです。

僕にはお茶の間の方が食いつくようなギャグやものまね芸はありません。ただ、裏回しで培った「俯瞰《ふかん》の目」を活かせれば、番組のMCはできるのではないかという自負はありました。とはいえ、いくら「仕切ることに自信はあります」と自分でアピールしたところで、東京のテレビ局には数多くの冠番組を持つ猛者《もさ》たちがひしめいています。どうやって切り込んでいけばいいのか？　その方法が、僕にはわかりませんでした。

そんな、自分の進む道について迷っているときに、手を差し伸《の》べてくれたのが笑福亭鶴瓶師匠です。師匠がMCを務める『きらきらアフロ』というテレビ東京系の深夜番組があります。その中で、わざわざ年末の総集編的な企画で、僕にMCを担当させてくれました。

鶴瓶師匠と松嶋尚美《まつしまなほみ》というメインMCの二人が、1年のあいだに番組の中で残したツッコミどころ満載の発言があります。それを編集したVTRを流し、司会の僕が仕切って、どんどん二人にツッコむという役割です。それを2年続けて、僕に任せてくれたのです。

僕は師匠に、「なんでやらせてくれはるんですか？」と、本番後に尋ねました。

「木本、これはな、お前の得意な仕切りぶりをたくさんの人に知って欲しかったんや。司会ができることを、業界の人間は絶対に見てるからな。こっから司会系の仕事増えていくわ」


とおっしゃってくれたのです。

僕はそのお気持ちに感激しました。

そして2年めの〝司会〟を務めた後に、師匠から呼び出しがありました。

「お前いまなにしとんねん。ちょっと出てこいや」

といわれ、一緒に飲みに行きました。

その席で、師匠が僕に、いまでもものすごく心に残っている言葉を発します。

「木本、『売れた』っていう言葉を簡単に口にするなよ。俺もまだ売れてへんからな」

と、真顔でおっしゃるのです。続けて、

「いま、自分の口で『売れた』っていっていいのは、片手や。（島田《しまだ》）紳助《しんすけ》、（明石家《あかしや》）さんま、（ビート）たけしさん、そういう人たちだけや。俺はその中に入ってへん」

「師匠が売れてない!?　そんなわけあれへん」と思いましたが、口に出すことはできません。師匠が僕にかまそうとした発言ではありません。その真意は「調子に乗ったらいかんぞ」という忠告だったように思います。師匠は、どんな後輩に対してもそういう形でアドバイスされる方ですので。

師匠ほどの人ですら、「売れた」と口にできないなんて、どんな世界なのだ。

僕は目の覚める思いで、師匠の発言を脳内でリピートしていました。

最後に、「お前にはチャンスを与えたから、来年は違うやつにやらせるで」といわれました。

そして、こっそりとささやきます。

「俺は俺でまだ売れたい。『売れた』って自分の口でいいたいから、常に勝負しなあかん。だから松竹じゃない事務所の芸人にやらせたい」

（こっから お前も頑張れよ）

鶴瓶師匠の無言の励ましの声が聞こえた気がしました。「愛ある」突き放しを受けたのです。

そして、鶴瓶師匠の考えていることの広さと深さは、僕にはとうてい理解の及ばないものでした。「なんてものすごい境地まで行かれているんだ」とため息が出るほどに。

木本の戒め 26 「売れる」ための勝負を続けることが大事

27 「売れる」ことを目的にしても先がない

僕たちＴＫＯには大きな反省点があります。それは、「売れる」ことを目的にしていて、その先の目標をきちんと作れていなかったことです。

５回めの東京進出をなんとか成功させて、そこそこにブレイクしたと思っていましたが、そこからなにをしたいのかについては、木下ともきちんと話をしたことがありませんでした。

僕たちは、ただ下に目を向けて、足元だけを見ながら歩いていました。

ただ、目の前の仕事をこなすだけで精一杯でした。

トップに上り詰めて行く芸人は、常日頃から、「売れてからどうする」のではなく、「売れる前から、目標を持って活動している」のです。

この意識の差、目標設定の高さが、僕たちＴＫＯとの大きな差だと気づきました。そのときには、自分たちは山の頂上に登って行くルートすら見つからず、中途半端な立ち位置で、それなりに忙しく仕事をする日々でした。そんな中で、僕らＴＫＯは自信を徐々に失っていたのでしょう。50歳に届きそうな歳になって周りを見回しました。そうすると同世代や、下の世代まで冠番組を持って頑張っている芸人がぎょうさんおるんです。

けれど、

「自分たちもそこまで行きたい」

「もう行けないかもしれない」

そんな諦めにも似た気持ちがあったように思います。そこに、投資に拍車をかけるできごとが続き、のめり込んでいったのは否めない事実です。

そんなことをぼんやりと考えていたときに、僕はやり直したいなと、思うことがひとつ思い浮かんだのです。

その前にちょっと回り道的な話をします。僕は30代の仕事がない頃、ボクシングのトレーニングに通っていた時期がありました。いつもパンチの打ち方を教わるのですが、サンドバッグを叩《たた》く音が、プロの人たちとは明らかに違いました。プロの人はサンドバッグに当たった瞬間に「ドスッ」と重くていい音が鳴ります。一方、僕のパンチはどれだけ強く叩いても、「ポスッ」と軽くて鈍い音しか鳴りません。

「どうしたらええのやろ」と思い、トレーナーに尋ねました。

「木本さんは、サンドバッグの表面に打点を置いているからダメなんですよ。だからパンチ力のピークが届いていないんです。僕たちは、サンドバッグの裏側に打点を置いています。それによってパンチのピークがそこへ届いていい音がするんですよ」

なるほどと思い、それを実践してみると、いい音が鳴るようになりました。

僕は、そのときのことを思い出して、腑《ふ》に落ちる思いがしました。

「人生の目標と一緒やな」

僕らは、「女の子からキャーキャーいわれたい」「売れたい」「金儲けしたい」「大金持ちになりたい」という、華々しいけれど表面的なものに目的を設定していただけ。表面に打ち込んでいただけなんだ……。過去の悲しい現実にいまさらながらに気づいてしまったのです。

「売れる」ことを目的にせず、「売れてなにをしたい」と考えて生きてきたら、いまとは違う人生だったのではないかと、改めて思います。

「売れてから、俺はこういうことをしよう」

「売れてから、こういう人たちに刺さる活動をしたい」

どんな目標設定が正しかったかはわかりません。ただ、投資にしても、「お金を稼ぎたい」という欲望だけがありました。そうではなく、「こんなことがしたいという目標があるから、お金が必要。だから稼がなければならないんだ……」。

そこまで頭が回りませんでした。

やっぱり「欲望」に支配されていると、肝心なところまで考えが及ばない。つまり、僕は欲望に負けていたのです。

「俯瞰の目」「自分を客観視」できるというのは、もしかしたら思い込みだけだったのかもしれません。よくよく大切なはずの、「成功の先にあるゴール」を「客観視」できていなかったのですから。

僕らはＴＫＯの目標を再設定しました。「２０２４年のキングオブコント優勝」です。それこそがやり直したいことなのです。

木本の戒め 27

「稼いだお金をどう使うか」が本当の出発点

28 一流は守りに入らない

投資トラブルが報じられて、自宅に引きこもっていた時期のことです。僕は芸能界のトップに上り詰めていける芸人たちの「目標設定」について考えを深めようと思いました。

ひとつはコントのネタについてです。単独ライブネタを6本作るとします。あれこれ唸《うな》って6本できたから、こんな順番でやる、と事前に決定する。「よし、これでええ」といったん完成形としてライブ当日を迎え、その流れで演じます。こうやって生み出されたいくつものコントを組み合わせて、いろいろなライブ会場でのルーティンになっていきます。

そこまではどのコンビでも一緒だと思うのですが、一流になる人たちは、「これでよし」とするまでのハードル設定が高いと思うのです。そして、その後も同じネタを「前回よりも今回」と、どんどんブラッシュアップしていける。もちろん僕たちもブラッシュアップはやりますが、「このへんでええんちゃうか」に止《とど》まっていたのです。僕らの設定しているハードルがほかの売れっ子たちよりも低かった。

たぶんこれが、芸人における「おもろい、おもろない」の差につながっています。

僕らのコンビも、若い頃の「よし、これでええやろ」から、レベルを上げて「これじゃあかん」と芸の基準値を上げる作業を繰り返しやってきました。それでも、お笑いの最前線で生き残っている人たちは、おそらくデビューのときから高いレベルでネタを完成させていると思うのです。

さまぁ～ずの三村《みむら》マサカズさんも「ネタができたっていう言葉はないよな」とおっしゃっていました。これは、ライブ当日の幕が開くから、その時点でベストなものを披露せざるを得ないだけ。もし、本番が来なかったら一生そのネタを完成させずに、どこをいじったらもっとおもしろくなるかをずっと考えている。そういう意識の高さにほかなりません。僕らもキングオブコントの決勝に行けるようになっていましたが、そこまでの意識を持っていたかというとそうではない。

やっぱり、それに気づいた人から売れて行くと、いまになって思います。

コンビの役割という部分でも、売れて行く人たちは、変わって行くことに対して貪欲《どんよく》でした。

たとえばオードリーの場合、若林正恭《わかばやしまさやす》くんが春日俊彰《かすがとしあき》くんのイジり方についてあれこれ模索しているのを目の当たりにしていました。その頃は、だいたい同じ立ち位置でしたから、いろいろな番組で一緒になることが多かったのです。若林くんは、春日くんに対する〝イジりの最適解〟を見つけたのだと思います。『オールナイトニッポン』を聴くと、それがよく分かります。お互いにピンの仕事もありますが、やはりコンビとしてのオードリーを「使ってみたい」と思わせるだけの魅力があるからです。

その一方で、僕は木下のイジり方の最適解を見出《みいだ》せなかった責任を感じています。もし、僕がそれをきちんと見つけられていれば、コンビとしてのＴＫＯの価値はもっと上がったはずです。「やっぱりＴＫＯはコンビじゃないと」と業界関係者にイメージしてもらえば、番組だってもたせてもらえたんじゃないかと、後悔しています。それどころか、僕は相方を突き放す態度まで取っていました。

あるいは、南海《なんかい》キャンディーズの山里亮太《やまさとりょうた》くんとも一緒にラジオをやっていたのですが、いつからか、バーっと走り出して、大きく差をつけられてしまいました。

オードリーにしても、南海キャンディーズにしても、どの時点でダッシュを効かせたのか、ＴＫＯと彼らの分岐点はどこだったのか？　ものすごく考えました。

僕らはお互いどん底まで落ちて「もう1回頑張ろう」という思いを共有していますし、そのチャンスももらいました。

「次はない」

これが最後のスタートです。せっかく再スタートを切れたのだから、日々真剣に考えて生きています。

ただ、「なんで10年前にこんだけ真剣に考えへんかったのやろう」という気持ちが少しあります。

「人生ってそんなもんや」という、前向きな諦観《ていかん》も同時に持ちながら。

木本の戒め 28

一流になる人はそもそも目標設定が違う

29

「お笑いの天才ではない」と自覚して起こした行動

木下と僕が松竹の養成所に入って以来、自分たちよりも「すげえ」と思える才能の人たちにたくさん出会ってしまいました。入所前には、「松竹だったらすぐトップになれるんちゃう」という甘い思いがありましたが、すぐに断ち切られてしまいました。そして自覚したのです。

自分たちはお笑いの天才ではない。

ではどうやって道を切り開くのか。はなはだ幼稚で、いま考え直しても戦略とはいえないものかもしれません。僕らが考えたのは「自分がおもしろくなるには、おもしろい人たちの中にいないと絶対に無理」です。

ただ、おもしろい人たちの中に飛び込むことは、とても勇気が要ります。

下手するとその才能に圧倒されてしまい、自分たちが自信喪失して立ち直れなくなる可能性があるからです。幸いにも、僕たちはそこに立ち向かう勇気と行動力はありました。なぜ飛び込むのかといったら、僕たちが芸人として生きて行く上で必要だからです。欲しいものを手に入れるためにはなんでもやる。子どもの頃から変わらない行動原理です。周りからしたら、「ちょっとあいつら変ちゃうか」と思われても、躊躇《ちゅうちょ》なく行けるのがTKOの強みでした。

最初に飛び込んだのが、事務所の先輩で、当時たいへんな人気のあった森脇健児《もりわきけんじ》さんです。生放送のラジオ番組がありましたから、そこに突撃すれば確実に森脇さんがいるのはわかっていました。アポなどありませんでしたが、受付で「松竹芸能です」といえば、まだセキュリティが緩かった当時はラジオ局に潜り込むのは簡単でした。そうして、森脇さんに「後輩のＴＫＯです。ネタを見てください」と直談判《じかだんぱん》しました。怪訝《けげん》な顔をされながらも、後輩の僕たちのネタ見せを受け止めてくれました。さらに、あろうことか、オンエアでも僕たちのことをブースに呼び入れてくれて、ＴＫＯの宣伝までしてくれたのです。

当時の僕たちは、養成所でネタ見せをして、「お疲れ様でした」と解散したら、次のネタ見せまでの1週間がまるまる空いてしまいます。それだったら、笑いの現場、笑いの最前線の空気を吸って刺激を受けたいと思いました。森脇さんは先輩ですから、自分たちを知ってもらいたいという下心もありましたが、じっさいラジオでプロのしゃべりを目の当たりにしたら、すごい刺激を受けるんです。

「こりゃかなうわけない」

と圧倒されたのですが、そこで尻込《しりご》みしていたらなにも得られません。

「森脇さんから学びたい。しゃべりの真髄を盗みたい」

という気持ちが芽生えて、毎週毎週ラジオ局に押しかけました。僕らの興味は「どういう考えであんなふうにしゃべるんやろ」にロックオンされているので、二人であれこれ考えて少しでも近づける道を探しました。そうなると、「自分たちもラジオの番組が欲しい」になって、企画書を作って、ラジオ局のディレクターに直談判したこともあります。さすがに、「お前らなに考えとんねん」とドヤされましたが。

幸いにも、オンエアで森脇さんから「TKOおもろいで」という言葉をいただけました。森脇さんの関西における影響力によって、TKOの知名度は瞬《また》く間に広がったのです。

その後に考えたことが、松竹にとってはライバルである吉本興業の芸人と仲よくなることです。吉本と松竹はその当時、ほぼほぼ交わりませんでした。でも、吉本は関西の笑いの総本山であり、最前線でした。僕らはそこの輪の中に飛び込む必要がありました。

ある現場で、吉本の番長は誰なのだろうと、〝品定め〟をしました。そこで、「この人や」と見極めたのが、長身で細身、黒い革ジャンに革パンツ。まるでパンクロッカーのようないでたちのコワモテ男でした。その押し出しに僕は「木下、近寄ったらあかんやつや」と、ビビっていたのですが、木下が果敢に、「僕、木下いいます。松竹芸能です」と、飛び込んでいきました。
その男こそ千原《ちはら》ジュニアでした。話してみると、じつはすごく気さくな人。それをきっかけに、僕らは吉本の〝番長〟と親しくつき合うようになりました。吉本と松竹の見えない壁みたいなものを少しは緩和する役割を果たせたのではないかと思っています。ジュニアは、騒動のさ中にあっても変わらぬ友情をＴＫＯに注いでくれました。その一点だけでも、飛び込んだ価値は十二分にあったのです。

木本の戒め 29

おもろい人たちの懐に飛び込んで学べ

30 鶴瓶師匠の教え② 「やっぱり人が好き」

おもろい人たちに飛び込むことを実践していた僕は、森脇健児さんに続いて、笑福亭鶴瓶師匠から学ぼうと決めました。許可など取っていません。勝手に押しかけるのです。師匠にぴったりとひっついて学ぼうと思いました。

ただ、どんなに師匠の「しゃべりの作法」を分析しても、どこにも答えが見えませんでした。あの方のしゃべりは、定型化されていない、唯一無二の方法。もう純粋な能力、つまり「これが才能ってやつやな」としかいいようがないんです。

鶴瓶師匠の本番の舞台を袖《そで》で拝見してから、その後ご飯に連れて行ってもらう機会も多い。舞台でも、そこを離れてもずっと一緒のトーンでしゃべります。たとえば、30秒に一回は「パンパーン」とリズムよく笑いをとっていく芸人さんはいますが、師匠はそうではない。でも、そのしゃべりをずっと聴いていられる。これはもう動物的な部分だなと思うしかなかったのですが、憧れは強かったんです。

「この人や、ここを目指そう」

と僕は師匠をターゲットにロックオンしました。では、どこを学ぶべきなのか？

「師匠のようなしゃべりは俺には無理や」

それは自明でした。

「じゃあ、鶴瓶師匠の真ん中にあるものはなんや？」

と探しました。

「あの人は〝人が好き〟なんや。好きでたまらないんや」

そう思いました。僕にもそれはわかる。というか、

「俺の中にもその気持ちはある」

と、勝手に親和性を感じたのです。


「人が好き」な師匠は、しゃべりに登場する人物がことごとく愛らしいのです。Dくんという「腹の立つやつの話でした」ではなく、Eくんという「アホなやつでした」なんて内容の話が多いのです。僕はそこにすごく感銘を受けました。

その頃、僕はエピソードトークをふたつの方向性で作らないといけないと思い始めていたのです。


自分をアホ扱いするか。

相手をアホ扱いするか。

そのいずれかしかないのですが、鶴瓶師匠は後者の「相手をアホ扱いする」エピソードでも、徹底的にイジりながらも、その人が愛らしいキャラクターであることをきっちり説明します。だから、話を聞いた人たちは、思わずその人が好きになる。

そのやり方を突き詰めようと思いました。そして〝人が好き〟な鶴瓶師匠は周りのスタッフとのコミュニケーションを大事にしていました。

僕は20代の頃は、スタッフの人たちとご飯に行くのが億劫《おっくう》でした。でも、師匠に倣ってスタッフの人たちと飲みに行こう、自分のことを受け入れてもらおう。そんな考えにシフトしました。ご飯に行くのが苦手だったのは〝下戸〟という理由があったので、嫁さんに酒の飲み方を教えてもらいました。いいちこをポカリスエットで割ったもので訓練を重ねました。こちらが先に酒に飲まれてしまったら、スタッフと飲んでも「お話」になりませんから。それを続けるうちに、だんだん人づき合いが好きになっていきました。

師匠から笑いの真髄を盗むことは難しくても、「人を大事にする」ところは僕でも実践できる。そういう思いで、いろいろな人と一緒にご飯食べたり、お酒飲んだりする機会を増やしてきました。人と接することに対する心理的なハードルもそれにつれて下がっていきます。「来るものは拒まず」の姿勢でいると、いろいろな人が近づいてくる。僕はそれを向上心だと思っていたのです。結果的にそこも投資トラブルにつながっていった。それを思うと、僕が〝松竹の父〟とお慕いする師匠から「なにも学んでなかったんや」と悲しい気持ちになりました。

それでも、「人が好き」という気持ちは間違ってはいないと僕は確信しています。それをどの方向に生かすか？　それがもっとも大事だというのが現在の心境です。

木本の戒め 30
「来るものは拒まず」もていど次第

31
「モノ」は失っても辛くない、辛いのは「人」を失うこと

今回の騒動が発覚する前の話です。まだＦＸの損失を早く片づけないといけない状況の中で、車を売りました。僕はＡ級ライセンスをもっているくらいクルマが好きで、ポルシェ９１１に乗っていました。それは、子どもの頃からの夢。我が家には子どもがいないので、嫁さんが「好きなクルマ買い。子育てや教育費の代わりや」と買わせてくれたもの。新しいモデルが出るたびに買い替え、乗り継いでいました。

ですが、とにかくお金が必要だったので、〝僕の宝物〟のクルマを手放さなければなら

なくなりました。その大切なポルシェがレッカーで運ばれて行くときに、僕の頭の中には『ドナドナ』がかかっていました。遠ざかって行くポルシェのリアを見ながら、「この問題を絶対に解決させて、もう一度同じクルマを手に入れる」と誓いました。ほかにも、自分で買った高級時計、ブランドものなど、少しでも価値があるものは手放して換金しました。

すべての「モノ」を失いましたが、現在の偽らざる気持ちは「モノなんてどうでもええ」です。それは、2023年の1月に謝罪会見を開いて、芸能活動を一からやり直すというときに気づいた感情でした。「モノ」への執着がすっかり消えていることに驚くともに、そういう感情になれたことが自分には大きな喜びでした。僕は「カネ」や「モノ」への執着が強かったですし、そこからは逃れられないと思い込んでいました。

では、なぜそう思えたのか。会見を開くまでに、多くの人たちの協力を経て、その日を迎えられたからです。

芸能界という狭い世界で30年以上の時間をすごしてきました。ずっと仕事を続けて行く中で、人の輪が広がっていきました。自分たちなりに実績を一歩一歩踏みながら信用ができていったと思うのです。エピソード16でも触れましたが、僕の十分に膨らんでいたであろう信用や信頼が、今回の騒動で「すべて失われた」と思っていました。それは「お金」以上の喪失感でした。

たとえば、松竹芸能の関係者も失った人たちです。僕が松竹をカッコいい事務所にしたいという話をしましたが、社内にも僕の行動に賛同してくれる人たちがいました。そして、その数は少しずつ増えていました。僕を信用して味方になってくれた人たちを、僕の失敗で裏切ってしまいました。どれだけの失望を与えてしまったことか。

芸人仲間も同様です。投資トラブルが報道されるやいなや、「ほかの芸人さんと写っているインスタグラムをぜんぶ削除してください」と指示されました。僕が森脇健児さんと写っている写真を報道資料に使われたからです。積み上げてきた芸能活動の歴史を一枚一枚削除する作業は、「人間として最悪の事態やな。これが信頼を失うということなんや」と、僕の気持ちをさらに落ち込ませました。

もう誰からも「信用」されないと思っていました。そしてそれだけの迷惑をかけたと自覚しました。それでも、僕らを信用して「芸能界復帰のお手伝いをさせてください」と手を差し伸べてくれる方がいました。それが、9ZLaboの河合基宏《かわいもとひろ》さんでした。河合さんは、僕が騒動の渦中にいるにもかかわらず、連絡をくれました。そして、親身になって「こういう順番、こういうやり方でいけば、もう一度いろいろな場所にもどれるかもしれませんよ」とアドバイスをくれました。

そうやって僕らのために一生懸命に動いてくれる方が現れた。そんな人たちが「僕の人生」に再び登場してくれるなど想像もしていませんでした。

1月の復帰から始まり、8月には47都道府県を周るコントツアーも始められました。さらに、西野亮廣《にしのあきひろ》くんのアドバイスをもとに、ツアーのためのクラウドファンディングを立ち上げると、そこでも大きな支援をいただくことができました。併せて、ツアーの裏側を見せる有料サロン「TKO47サポートクラブ」も立ち上げたところ、想像以上の方に参加していただけました。メンバーをセコンドと呼ばせていただいていますが、ツアーを周っていても彼らの存在ほど心強いものはありません。ほんまに短期間で怒濤《どとう》の展開になりました。

僕はこの絆《きずな》、ご縁を絶対に手放さないと誓いました。

木下隆行とこの人たちだけは失ったらいかん。一生この人たちと一緒に走り続ける覚悟が生まれたのです。

お金、クルマ、時計……そんな「モノ」よりも、人と人とのつながりこそが「財産」。

50年以上生きてきて、かろうじて木本武宏はごくごく当たり前の結論に心の底からたどり着けました。

木本の戒め 31

最後に残るのは「人と人との絆」

第4章

世の中とどうやってつき合うか

僕の引き起こした投資トラブルは、ありとあらゆる形で報道されました。すべてに目を通したわけではありませんが、僕が考えていた〝常識〟は、ことごとく世間的には〝非常識〟だったと思い知らされました。特に、僕が後輩に強制的に投資させたという記事には、本当にいたたまれない気持ちになりました。僕自身は「みんな一緒に楽しく稼ごう」と思っていただけなのに……。転落するまでは、僕は「正しい道を歩んでいる」と思い込んでいました。ですが、そのやり方は世間から理解されにくいようでした。僕と世の中とのギャップについて考え直し、これからの人生にどう活《い》かし、どう世間と折り合うかについて、自分なりの決意を語りたいと思います。

32 トラブル発覚で世間とのギャップが明らかに

「7億円の投資トラブル」の第一報が出てから、さまざまな後追い記事が出ました。

「後輩の芸人に30万円を強引に投資させた」

「NFTのSTEPN《ステップン》に参加させた」

出どころは分かりませんが、「事実無根」な記事が多かった。

では、なぜ誤解されてしまったのか？

これは、芸能界でしか生きてこなかった木本武宏という人間が「俺の中で常識」と思っている考え方が、「世間には非常識」だったからと思っています。いくつかの項目にわけて、僕なりに説明してみます。

まず、なぜ木本自身が仲間とはいえ他人の出資したお金まで返済しないといけないのか？　話せないほどの後ろ暗いものがあるのではないか？　という疑惑です。

これまでも説明してきているように、僕は〝推し活〟が好きです。そして、できればハマってもらって、一緒に楽しんで成功をシェアしたい、というのがモットーです。その流れで、仲間たちを投資に巻き込んでしまいました。FXのAにしても、不動産投資のBにしても、仲間たちには説明した上で出資をしてもらいました。また、一度たりとも強制して資金提供をさせたことはありません。それでも僕は、引き入れた責任があると考えていました。それが「僕が返済する」と考えた最大の理由です。

次は、本当にマージンをもらっていないのか？　という疑惑です。成功体験のエピソードでも書きましたが、バルミューダの扇風機でも、低周波ブラシでも、化粧水でも、売り上げに対するマージンはいただいていません。投資においてもそれは同様です。

まず、そこから世間の感覚とはズレているのかもしれません。木下がいみじくもいったように、仲介した以上「マージン」を取るのが常識だからです。マージンも取らないのに木本が補塡《ほてん》するのは、やっぱり主導したからではないのか、と思われても仕方ない。ネットニュースのコメント欄にも「手数料もらってんちゃうか」という書き込みが数え切れないほどありました。それを、いろいろな方から質問されて、「そう思われてとうぜん」なのだと感じました。

2012年頃でしょうか。芸能人のステマ（ステルスマーケティング）が表面化して騒ぎになりました。一番大きなものはペニーオークションサギ事件でしょうか。知名度のある芸能人が、「高額商品を格安で購入できた」とブログで報告していました。じっさいはそんな取引はなく、サギ事件として立件されました。広告塔にされた人たちは謝罪に追い込まれましたが、僕は「本気でいいと思ってへんのに、なんでそんなことしたんやろ」と思っていたくらいでした。

根本的な疑問として、「なんで木本がそこまで責任を負わなければいけないのか？　それがぜんぜん理解できない」。

これは、復帰会見の後の質疑応答でなんども聞かれたことです。

ひとことでいえば、「僕の性格です」としかお答えしようがありません。もう少し詳しく説明すれば、投資の話を持ってきた責任は小さいものではないからです。そして、投資トラブルの噂が拡散してしまうことで、芸能人としてのすべての仕事を失ってしまうという恐怖心と不安がありました。

ここも世間の感覚、世間の常識とはズレているのかもしれませんが、「人の信用を失わないためには、借金をしてでもお金を返済するのは当たり前」という感覚が僕の中に存在します。ただ、今回のトラブルは金額が大きくなりすぎたというのはありますが。

最後に、トラブルが報道されてから、なぜすぐに会見を開かなかったのか？「雲隠れ」疑惑についてです。

これは、僕ら以外の出資者からの要望がありました。そちらとの関係から、「いまは口を開いてくれるな」という指摘が、直接的、間接的にありました。つまり、利害関係の調整が済むまでは、安易に発言することが憚《はばか》られたのです。

じつは、トラブルが明るみに出る前から騒動を聞きつけ取材に動いていた芸能記者の方がいました。「話せる時期が来たら包み隠さず話します」とお願いして、記事化を止めてもらっていました。その方の取材に答えた記事が2022年の8月に『女性セブン』に掲載されました。ウェブ記事にもなっていますが、5時間に渡る超ロングインタビューでした。僕としては、精一杯の気持ちでお答えしているのですが、世間的にはあまり知られていないようです。それゆえに、「木本は逃げてる」と誤解に拍車をかけていたのかもしれません。

木本の戒め 32 自分の「常識」はほかの人の「非常識」と知る

33 「向上心」という言葉の「甘い罠」

僕は人生を「前向きに」送ってきたつもりでした。

そして、常に「向上心を持って」ものごとに取り組んできたつもりでした。

それを「正しい」ことだと、僕は1ミリも疑っていませんでした。

ただ、僕のしでかしたことは、その「正しい」と思う行為によって引き起こされました。

そこに疑問の余地はありません。

「向上心」という言葉には、「誠意」「正義」などと並んで、〝正しい系〟の引き出しに入っているイメージがあります。僕もそう位置づけていました。

ただ僕は、その「向上心」が、意外とやっかいなことに気づきました。

そして「向上心の表れ」とくれるジャンルはたくさんあり、僕がやってきたいろいろな「おせっかい」もそこに含まれていると思い至りました。僕は「向上心」という言葉に甘えて、あれもこれもと手を伸ばしすぎたのかもしれません。

「向上心」をベースにやっているのだから、「なにが悪いの」「どこがいけないの」と独りよがりになっていた。そう反省したのです。

「独りよがり」の行動には、人から理解されにくい無茶とか無理が必ず含まれています。結果として「独善的」と表される言葉のほうに流されていってしまうように思います。本来の目的である行動からズレてしまうのです。

僕は、転落するまで、それに気づけませんでした。そのていどの器しかなかったからです。それでも、気づくことができ、心からよかったと思いました。

もしかしたら、その境地にたどり着かず「自分はいい人だと思っているのに、世間は誰もわかってくれない」。そんな葛藤《かっとう》を抱えたまま、この世から消えてしまった人もいるかもしれないからです。

「正義」について、もうひとつわかったことがあります。前項でも触れましたが、どんなことであれ仲介をしたならば「手数料・マージン」を取るのは、世間的には正義です。おそらく、それを「ずるい」という人はおらず、「正しい商習慣」だと考えます。

でも僕は、「お金が欲しくて」なにかをおすすめするという気持ちがまったくありません。「取り上げた商品について1個1個そういう契約をしていたら、もっとお金が入ってきただろう」というのが、世間の常識であり、正義です。当時のマネジャーもその考えに則《のっと》って「バルミューダ」に交渉に行くと僕に伝えてきました。僕は「やめてくれ」と断ったのです。

恥ずかしいことかもしれませんが、今回騒動になって、僕は衝撃を受けました。

じつは、女性タレントのアパレル展開についても疑惑の目を向けられたことがありました。

仕事で仲よくなったタレントから「自分のアパレルブランドを立ち上げたい」という相談を受けたのです。僕は二つ返事で「知ってるところを紹介してあげるわ」と、つき合いのあった繊維系の商社を紹介しました。話はうまく進んで、無事にブランドがスタートしたのです。

このエピソードについてもあるマスコミが動いて「木本のマージン搾取」を記事化しよ

うとしたようです。

繰り返しますが、僕はそうした仲介を喜んでしますが、両者からマージンを取ることを微塵《みじん》も考えていません。ですから、そもそもの事実がありませんので、報道されることはなかったのです。


こうした中で気づかされたのが、「正義」についての定義が僕と世間では決定的にズレていることです。このギャップはお互いに「自分こそが正義」「自分のほうに常識がある」と思っている限り、埋まることはありません。

逆説的になりますが、だからこそ「自分の正義」を押しつけてはいけないのだという学びを得ることができました。

木本の戒め 33 自分だけが「正義」ではない

34 鎧を着たまま人間関係を築こうとしていた

僕は「人から信用されること」を大切にして生きてきました。

そして、周りの人たちに対して、

「人を大事にしなあかんで」

とか、

「俺たちは人に支えられて仕事できてるんや」

などと語っていた人間です。

それが自然の感覚でしたし、芸人同士だけではなくて、「スタッフさんとの人間関係も大事にせなあかん」なんて偉そうに語っていました。

そんなことを後輩たちに吠《ほ》えて、わかったつもりになっていた人間が、「正しい人間関係」を一番わかっていなかった。

それをいまになって「初めてわかった」と感じています。どういうことか。

僕は人に対して、何枚も何枚も鎧《よろい》を重ね着して接していたのです。

ちょっとわかりにくいたとえ話かもしれません。つまり、僕が先輩と話すときはある鎧を一枚重ね着したり、後輩としゃべるときは二枚くらい剝《は》いでからしゃべったりしていたのです。無意識のうちに、対面する相手に「お芝居」をしていたのだと気づきました。僕はコミュニケーションを大切に生きてきたと思っていました。ところが「本音でしゃべっている」ように見せながら、相手に合わせ〝武装〟を変えて、自分を守っていたのです。

深層心理で無意識にそうしていたのか、自分が優位に立つためにしていたのか、先輩に「かわいいやつ」と思われたかったのか、後輩に「怖い人」と思われたかったのか……。いまとなっては、わかりませんが、騒動を経験する前の僕のコミュニケーションは、〝裸〟あるいは〝素〟のものでなかったのは確実です。

なぜならば、芸能活動に復帰してから、誰に対してもいままでと同じように接することができなかったからです。「信用を失った僕」は、ある意味で〝生まれたての子鹿〟のように、これまで培ってきたと思い込んできた方法論をすべて捨てました。

先輩はどこまでいっても先輩。後輩もどこまでいっても後輩。

それは、芸人の世界における厳密な〝掟《おきて》〟です。僕の中に空気のように存在した価値観がすべて失われ、ゼロベースにリセットされました。ですから、いまはどんな現場でも、YouTubeの収録でも手探りで進んでいます。

そんな〝ゼロ木本〟に、似たような状況に置かれた人から「相談したいんやけど」という案件が持ちこまれたことがありました。ある日、かなりの有名番組で名を成した番組スタッフさんから連絡が来たのです。その方も投資トラブルに巻き込まれて、大きな損失を出した。その処理に追われ仕事も手につかなかったそうです。再開できる目処《めど》は立ったものの、一度仕事から離れてしまうと、「再開します」と伝えても、なかなか仕事が決まらないようでした。

「木本くんはどう乗り切ったの」と相談されました。僕よりも年長でしたので、いきなりの質問にびっくりしてしまいました。正直、どう答えていいかわかりませんでした。なんとか昔のスイッチを入れて、自分の状況を踏まえた話をさせてもらいました。ただ、それが正解だったか、その方が納得する答えだったか、ひとつも自信がありません。おそらく、これまでの僕だったら、相手が納得してくれそうな答えをひねり出していたはず。ですが、僕はそれがどうしてもできませんでした。

逆に「鎧を脱げた」できごともありました。ネットニュースにもなったので、ご覧になった方もいらっしゃるかもしれません。僕らのＹｏｕＴｕｂｅチャンネルに東野幸治《ひがしのこうじ》さんが出てくださいました。早朝の収録で、近くの駐車場に車を停めてきた東野さんが、「現金忘れたんで、木本、３０００円貸してくれ」とぶっこんできました。僕は、本気なのかネタなのか、どちらとも判断がつかないまま、財布から３０００円を渡しました。「もうこれで、財布が空っぽです」といいながら。東野さんは「利子つけて返すで。俺に対する投資や」といって僕をイジりながら去っていきました（収録はされていませんが、マネジャーである妹からも２０００円を借り、合計５０００円を渡しました）。

このやりとりは東野さんの、ＴＫＯに対する愛情であり、ちょっとでもおもろくしようとする芸人魂でしょう。とてもありがたいことでしたが、僕は自分が使い古したボロボロの財布を見せながら、躊躇《ちゅうちょ》なくお金を出せたことに喜びを感じていました。以前の僕だったら、見栄《みえ》を張ってブランドものでない財布を出せなかったはず。きっと、後ろを向いて財布を隠したまま3000円だけを渡していたでしょう。台本もなにもないあの場面で、「自分が一番おもろく見える」ことを瞬間的に選びとれた。〝素〟の木本で対応できたのがとても嬉《うれ》しかった。

さすがは東野さんです。それだけでは終わりませんでした。ほんの数日後、サプライズで5000円を返金しにきてくれ、利子として妹へそうめんのお土産までつけてくれました。そこでも、僕なりに〝素〟で対応できたと思いましたが、東野さんのスケールには遠く及ばなかったのが、ちょっぴり悔しかったです。

木本の戒め 34

〝裸〟になって、自分をさらす

35 「おせっかい」と「お説教」はほどほどに

僕の「おせっかい」体質、「お説教」キャラについては、これまで多くの説明をしてきましたので、みなさんにも「木本はこんなやつなんや」と、なんとなくご理解いただけたと思います。

僕の「おせっかい」は「俺が面倒をみてやらなあかん」という長男気質に発しています。小さいときのきょうだいたちがとにかく可愛くて仕方ありませんでした。それは、嘘偽りのない本心からの「家族愛」「きょうだい愛」です。これは誰に否定されることもないでしょう。それこそ誰からも指を差されることのない「正しい愛」だと思うのです。

そんな「愛情」がある意味〝疾患〟というか〝ビョーキ〟に近い性格として刻み込まれています。

両手からこぼれてしまうほどの「過剰な愛情」が僕にはあるようです。だから、松竹芸能に所属する仲間・後輩というだけで「家族愛」を注ぎたくなってしまう。騒動が発覚する以前から、スタッフに「愛情なんて限られているのだから、無理をせずにほどほどにしないと」と、心配顔で指摘されていました。

僕は「いやいや、そんな寂しいこといわんといて」と反論します。

なぜならば、僕たちの時代は、吉本のＮＳＣではなく、わざわざ松竹の養成所に入ってくる人間は（細かい部分は人それぞれでしょうが）なんらかの屈託を抱えていました。表現するのが難しいのですが「負の感情」を持って松竹にこざるを得なかったといいますか。特に大阪においてはそれが顕著でした。

吉本に進む人間は「お笑いいうたら吉本でしょ」とシンプルです。そこしか芸人がゴールに至るための入り口はないという気持ちで入ってくる人が多いと思うのです（これは僕個人の解釈なので、そうでない吉本芸人さんにはごめんなさい）。

ですから、松竹芸能に入ってきた時点で、すぐに仲間として受け入れる環境を作りたかった。僕らがペーペーの頃、松竹には自分たちの漫才やコントを披露する小屋（劇場）すらありませんでした。そこからなんとかしようと、アメリカ村の三角《さんかく》公園でゲリラライブなどをやって、事務所にアピールしました。それによって、ようやく僕らも「芸」を披露する場をもてたのです。

吉本に対抗するためには、才能を発揮する場を作って場数を踏まないと、とうてい太刀打ちできないと思ったからです。

僕は、「声が小さくて挨拶《あいさつ》が聞こえない」とか、「楽屋の態度が悪い」という理由で、端っこに追いやられてライブになかなか出られないのは、時間の無駄だと考えていました。だから、後輩たちには「きちんと挨拶せえ」と口をすっぱくしていい続けました。そうすれば、ほかの事務所の先輩からだって可愛がってもらいやすい。普段から親しくつき合って「愛情」に囲まれていれば、どんな舞台に出ようと、いつもの自分の力を発揮しやすい。

そんなことを考えながら、後輩に〝お説教〟していました。でもそれは、「親が子どもへ注ぐ愛情」と同じ種類のもの。つまり、素直に聞いてもらえず、なかなか伝わらない愛情です。「いつかわかってくれればいい」と僕は根気強く、同じセリフを繰り返していました。

トラブルを経て復帰したときに、いままでのキャラクターを捨てたといいましたが、〝お説教キャラ〟も同様です。

2023年の6月に何年かぶりにフジテレビの湾岸スタジオに収録に行きました。松竹の後輩芸人も結構な数で顔を揃えていました。嬉しそうに、でも若干複雑な表情で「お久しぶりです」と挨拶に来てくれました。

僕は「久しぶりやね。こんなカッコ悪いことになって、迷惑かけてしまってごめんな」と後輩たちに頭を下げました。

すると、彼らはなんだか戸惑った顔をしています。「木本さんってそんなんでしたっけ？」と感じたようでした。僕は、以前はどうやって後輩たちと接していたかを覚えていません。だから、先輩後輩の関係ではなく〝素〟の木本武宏としてしゃべっていました。「なんか憑《つ》き物が落ちたみたいですね」とある後輩にいわれました。僕の中にあった余計なものがすべて剝がれてしまい、誰に対しても同じように接していることが、そのように感じさせたのでしょう。

別のお笑い番組の収録でもこんなことがありました。復帰後、初の地上波出演でした。内容は説教キャラの僕が名曲の歌詞に乗せて後輩を説教するというネタでした（さらに後輩のみなみかわが、僕にドッキリを仕掛けるという構造でしたが）。僕は、「説教ってどうやるんやっけ」と戸惑いながら、懸命に昔のことを思い出して演じ切りました。結構な冷や汗をかきながら。

木本の戒め 35 「親の愛情」は後から響く

36 加藤浩次さんの「ダメ出し」で「自分の矛盾」に気づく

芸能界に復帰後、ちょこちょこと東京のキー局に呼んでもらえるようになりました。そのタイミングで、赤坂《あかさか》のＴＢＳで加藤浩次《かとうこうじ》さんにばったり会いました。加藤さんとは関西のＭＢＳラジオで毎週共演していた時期があり、仲よくさせてもらっていたのです。

「加藤さん、たいへんご無沙汰しております。いろいろとご迷惑をおかけしまして」

と挨拶しました。

加藤さんは開口一番こういいました。

「おお！　お前さあ、なんで俺に連絡してこなかったの!?」

僕は二の句が継げません。

「そんな（投資の）話があるんだったら、やってみたほうがいいかどうか、俺に電話の1本でもよこせばよかったじゃん」

なぜ、「加藤さんこの話、大丈夫ですかね」と相談をしてくれなかったのかを問われました。

「ひとこと相談してくれたら、俺が止めたのに。やっぱ、お前のダメなのはそういうところだよ」

厳しい言葉を投げかけられました。ですが、言葉の強さとはうらはらに、その口調とお顔は優しさに満ちていました。

「本当にそうですね。そんなお言葉をいただいて、ありがとうございます」

お礼をして、その場は別れました。

僕は、そのときに「ああ、確かに俺のあかんところや」と思い当たったのです。

なんでも自分で判断して、自分でよしあしを決めたい僕は、

「自分がいいと思ったもの」を、

「それってどうなの？　なんか違わない？」

と他人から否定されるのを避けてきたからです。

加藤さんの指摘によって、改めて気づかされました。

これまでの行動を振り返っても、昔から否定されることを避ける工夫をいろいろとしてきたんです。おそらく、それを察知して先回りする能力はあったのでしょう。

だから、「この人には相談していい」「この人には相談しない」みたいな線引きをして、

自分が不愉快になるのを避けてきたのです。小中学校のときのリーダーシップにしても、趣味の部分で「木本すげえな」と認めてくれる人としかつき合わない閉じたサークルの〝お山の大将〟でいたかっただけ。

それでも、自分の周りにイエスマンだけを置くことはタブーにしていました。

芸人は、日々ネタをやり、テレビでのエピソードトークを披露して……などなど、自らに正解がないことも「いまの自分にはこれが正解」と、一瞬で取捨選択して仕事をこなしていきます。それがお笑い芸人の反射神経というものなので。

だからこそ、僕らのネタを「おもしろかったです」「イマイチでしたね」「あれは違うんじゃないですか」と、冷静にジャッジしてくれる人をそばに置きたい。僕は事務所に対して、「マネジャーを変えるのであれば、僕らにちゃんと意見できる人にしてくれ。それさえできれば誰でもいいから」と要望を出していました。

一般に歳を重ねるほど「厳しい意見」を聞くのを嫌がる傾向があります。

僕はそんな人間じゃない。歳を取れば取るほど、厳しい意見を伝えてくれる存在が必要だと考えていました。年下であってもダメ出しをしてくれる人間を常に横につけて、「木本さんそれはちゃうんじゃないですか」という意見に耳を傾けられる男でいよう。「そう考えられる俺って正しいよな」で完結していました。自分の中では「人の意見を聞かない頑固なベテランではない」と柔軟性を持ったバランス感覚を保てていると勝手に思っていました。

ただ、それは芸人・木本の思い込みにすぎませんでした。木本武宏個人は、「自分が正解と思っているもの」「好きなモノやコト」に関しては、「絶対に否定されたくない自分」が頑《かたく》なに存在していたのです。

加藤さんの言葉で、僕はとても複雑な思いを抱きました。

「自分のことを否定する人間を排除する〝つまらない男〟」で済むなら簡単でした。

でも、そこはクリアして、受け入れてきたつもりでした……。

その上で、自分の中に存在する〝無意識の矛盾〟を否応《いやおう》なく認識させられたからです。

木本の戒め 36 本気で「ダメ出し」してくれる人の意見を聞く

37

第一印象ですべてを決めてきた

初めて会ったときに、「パッと」ひらめく〝第一印象〟は、僕における人物評価の第一歩であり、最重要項目でした。僕はこの〝第一印象〟のよしあしで、人づき合いを決めるケースがとても多かったのです。

そして、「パッと」見つけた相手を「こいつ好きや」と感じると、ほとんどの場合、その後も長いつき合いが続きました。

その筆頭が木下隆行です。

彼との出会いは、地元のローラースケート場「ピーワン」でした。引っ越してきたばかりの木下を、同じ中学校の友だちが連れてきたのです。そして初めて見た木下を「こいつ好き」と思ったのでした。そこから自己紹介を経て、すぐに親友になりました。中学高校（木下は中退してしまいましたが）ではどこに行くにも一緒でした。そして、芸人としてコンビを組むと二人で決めました。それ以来、30年以上にわたって関係が続いています。木下が持つ「華やかさ」や「才能」に惚《ほ》れたことは事実ですが、本音でいえば後づけの理由みたいなもの。じっさいのところはファーストインプレッションで彼と一緒にいたいと思ったのです。

妻になる女性にも究極のファーストインプレッションを感じました。

〝ひとめ惚れ〟です。

高校の入学式で彼女を見た瞬間に、世界がひっくり返って、彼女しか目に入らなくなりました。バイト先に理由もなく通い詰めて（僕には明確な意図がありましたが、彼女からすれば「なんでこの人こんなにしょっちゅう来るんやろう」という意味です）、なんとか「彼女」になってもらえた。僕が芸人なんて不安定な道を選んだせいで、彼女には迷惑のかけどおしです。末期の母の願いという後押しのおかげで、30歳で結婚してもらえました。交際が始まってから15年近くも待たせた挙句にです。そのあいだも、そして現在進行形でも苦労ばかりかけていますが、彼女がいてくれたおかげで、いまの僕があります。

このふたつの〝第一印象〟でその後の人生が決まったという事実だけで、僕の直感は間違っていないと確信しているのですが、こと投資に関してはその判断を誤りました。

第一印象がよくなかったにもかかわらず、AとBという人間に入れ込んでしまったからです。

FXを任せたAに出会い、彼の投資ルームに行ったときに、なにか嫌な感じがしました。うさんくさいというよりは、スピリチュアル的に負のオーラをまとっているように思えたのです。ですが、彼がデモトレードをする画面を見ながら、的確に売買する場面だけを捉《とら》えて、「すげえ」というスイッチが入ってしまったのです。ただ、彼にはとても可愛らしいところがあって、面倒をみたくなるタイプでした。これはAが僕のことを騙《だま》してから、「どこで奴の人物評価を間違ったんだろう」と振り返ったすえに思い出したことでした。本来の自分であれば、そういうタイプの人間に「お願いごと」をしません。つまり、最初の出会いの直感がきちんと機能していなかったのです。

不動産の投資を持ちかけられたBという男も、出会った最初に「こいつは間違いない、大丈夫な人間や」とは思っていませんでした。ただ、人懐こくて、社交的なので、芸能人に対しても物おじすることなくつき合える男でした。陽気で愛想がいいので、飲み会の席も楽しかったのです。その流れもあり、前述のように、ＦＸという金融投資よりも、不動産という土地取引の方が「固いですよ」という口車に乗っかってしまったのです。

ここでも、自分が大切にしてきた直感を忘れ、欲望に走ってしまった男の哀れさを噛《か》みしめずにはいられません。

そんな惨めな境遇にいる僕に声をかけてくれた河合さんの第一印象は完璧《かんぺき》でした。しくじった自分の目を改めて信用できるかどうかはわかりません。でも、僕の直感が「この人やったら大丈夫」と告げました。そして、その決断は間違っていなかったと確信するところまで来ています。

木本の戒め 37 欲望は的確な直感をも狂わせてしまう

38 おすすめの信用度アップは諸刃の剣

僕が「これいいな」と思ったものを見つけると、周囲の人たちにすすめまくる性格であることは十分におわかりいただけたと思います。

一番わかりやすい例が、NetflixとかU－NEXTなどの、有料動画配信サイトの海外ドラマです。僕はこの手のドラマがとても好きで、初期の頃から相当数のドラマを鑑賞してきました。アメリカのドラマ、そして韓流ドラマ……、みなさんもハマった経験があるのではないでしょうか。僕は深く網羅している自信があるので、「このドラマはおもろいで」と周りに伝えます。忙しい人が多いので、つまらない作品には近づきたくない。だから、僕の「ドラマおすすめ情報」はめっちゃ需要がありました。そうして「木本おすすめドラマ」の信用度がアップする。

僕の情報に満足した人たちが、いろいろな現場ごとに「いまおすすめってなんですか？」とか、「木本さんの最近のイチオシってなに？」と聞いてくるようになります。そうすると僕も「ストックしとかなあかんな」という気持ちが生まれてきます。だんだんと

「自分が観たくて観ていたドラマ」から、「新しい作品を探しとかなあかん」に変わっていました。
つまり、自分の興味の赴くまま、そして自分のメガネにかなった作品だけを「推し」ていたはずが、仲間たちに伝えるための使命感とか義務感にグルンと反転していたのです。

もうひとつこんなこともありました。大手飲料メーカーでロケをしたときの話です。オンエアされたエピソードだけでなく、合間に担当者から裏話などをたくさん聞けました。商品を作った思い、そこに至るストーリーなど、すべてがおもしろい。僕にスイッチが入って「もっとお話聞きたいんで、ご飯行きましょう！」となってより深く話を聞く。どんどん知識や雑学が増えるので、それを仲間たちに披露したくなる。
これが僕の〝ルーティン〟です。

人に対して有意義なもの、本当に必要とされているものを、まだそれを知らない相手に教えてあげたい。いつしか「木本さんに聞けばなんでも答えが返ってくる」と頼られるようになっていました。

ここまでは「ええことや」と思いますが、もともとゼロイチで自然発生的に興味を持って手に入れていた情報だけでは足りなくなってきます。誰かに求められたこともなければ、宿題を出されたわけでもありません。でも、「もっとおもしろい情報ないの」と急《せ》かされている錯覚に陥ってしまった。

僕は〝木本情報〟を信用してくれている人たちを裏切りたくないので、「もっといいもの」「もっといい情報」をすすめようと、自分から積極的に探すようになっていきました。まさに本末転倒です。

自分から取りにいった情報なんて、そうじて価値がないものです。でも、僕のキャラをわかっている人たちが「木本さんなんかしゃべりたそう」という空気を察知します。「またなにか仕入れてきたようなので聞いてやるか」みたいな関係性がいつの間にかできているからです。周囲も「聞かなしゃあない」というモードに入っている中、僕が「あんな、こんな話があってな……」と自分から探した情報を、さも〝お宝情報〟のようなテンションでしゃべります。僕は「いつもと同じテンションで聞いてはるな。同じように価値を感じてくれてるんや」と勘違いしていました。いまとなっては恥じいるばかりですが、自分だけが知っていると思い込んでいる〝裸の王様〟だったのでした。

暗号通貨の話も、ゼロイチで「おもろい」と感じた僕がおすすめしたことが始まりでした。投資に興味がある同好の仲間から「すごいですね木本さん」と、ほめそやされたい欲望が加速していった。僕の際限のない〝おすすめ欲〟はそこでも悪い方向に進んでしまったのです。

木本の戒め 38 使命感や義務感で「おもろい」を探さない

39

中心じゃなくても居場所は作れる

２０１３年『ごちそうさん』でＮＨＫの「朝ドラ」に初めて出演しました。主人公の夫の上司にあたる課長役です。そのときはなにもかもわからず夢中で演じて出番を終えました。おかげさまで民放ドラマでも声がかかるようになりました。そうして再び朝ドラから声がかかります。『スカーレット』への出演です。２０１９年でした。

一度経験して、プロの役者ではない僕が肌で感じたものがありました。スタジオに入って「ヨーイ、スタート」で俳優さんたちと同じペースで芝居をしたら、たぶん歴然とした差が出てしまう。僕が与えられた田中雄太郎《たなかゆうたろう》は、主人公・川原喜美子《かわはらきみこ》が大阪で下宿の管理人見習いをしている時代の住民。家賃を滞納する貧乏俳優で、のちに信楽太郎《しがらきたろう》の名前で歌手デビューするという複雑なキャラクターでした。

「これはなかなか難儀やな」と役作りに思い悩んでいました。ですが、たまたま談話スペースで主役の女優さんと一緒になって、そこで雑談するうちにめっちゃ仲よくなれました。父親役の役者さんもいたので、そこがだんだんと多くの人が集まる場所になっていきました。僕は出番的には端役にすぎなかったのですが、芸人魂を発揮しました。共演者たちを笑かしてムードメーカー的な立場を確立できたのです。

さらに、「雄太郎」と役名で呼んでもらえる環境づくりをしようと仕掛けました。主役の方を「きみちゃん、きみちゃん」と役名で呼んで、セリフの練習もさせてもらいながら二人でプチコントまでしました。そうすると、ほかの出演者もまじってくれるようになり、「雄太郎」が自然とその場に溶け込める雰囲気になりました。なぜ役名だけ呼んでもらうようにしたのか。それは周りの俳優さんたちに撮影の本番を行うセットから離れていても

「木本さん」と呼ばせたくなかったからです。

木本武宏から田中雄太郎へ、心の切り替えをせずにそのままセットに入ることができる環境が整いました。で、おそらく共演者のみなさんにも「雄太郎」として受け止めてもらいやすい。これならば、演技のプロではない僕でも、役作りや台詞《せりふ》回しに苦労することない。それにより、演技もやりやすくなり、自分の居場所も作れる。そんな工夫をすることで自分にとっては「アウェイの場」であるドラマの撮影現場を無事に乗り切ったのでした。

木本の戒め 39 アウェイの場でこそムードメーカーに

40 鶴瓶師匠の教え③ 後輩への的確なアドバイス

鶴瓶師匠から『きらきらアフロ』でMCの真似事をさせてもらったことを、エピソード26でお話ししました。そして、食事に招いていただき「『売れた』と簡単に口にするなよ」という金言もいただきました。

その続きのエピソードです。師匠から豪華な食事をご馳走《ちそう》していただきました。そして「俺の東京の家に来たことなかったよな？」といって、ご自宅に招いていただきました。東京の夜景が一望できるすごいロケーションでした。圧倒されるばかりでしたが、僕なりに感じたのは「師匠は俺のことを元気づけるために呼んでくれはったんだ」ということでした。

そして、師匠からこんな言葉をいただきました。

「木本、この夜景を手に入れたかったら、お前はコツコツとジャブを打つんや。お前はストレートを出したらあかん。ジャブを打ち続けろ。そしたら必ず効いてくるから。木本の役割はジャブ。ストレートは木下に打たせたらええねん。ただ、ストレートは息切れしやすい。だから、お前は調整しながらジャブ打っていけ」

鶴瓶師匠はまことに粋《いき》な方で後輩たちにいつも目を配ってくださいます。さらにすごいのは、事務所の枠を超えてやってはることです。僕だけが寵愛《ちょうあい》を受けているのではけっしてありません。同じくらいの深さで、何人もの後輩の背中を押しているのです。師匠は自分のことを、ペラペラと外で打ち明けることなどありません。だから僕はあえてその事実を明かしています。もっと世の中の多くの人に師匠のすごさを知って欲しいから。で、ここからちっさい木本の悪い癖が出てきます。

鶴瓶師匠には逆立ちしたって、世の中がひっくり返ったってかないっこありませんが、その背中に少しでもタッチしたいという欲望が出てくるのです。

僕も鶴瓶師匠の真似事をしよう。

それが、迷っている後輩へのアドバイスです。

師匠にしてもらったことに感動し、大きく背中を押してもらったことを、少しでも後輩に伝えたいと思ったのです。鶴瓶師匠と同じレベルで「おごる」ことはできませんので、僕がそのときにマックスでできる「ご馳走」に連れて行きます。自分が食べさせてあげたいと思う美味《おい》しいものを。

「俺もこんなやったけど、とりあえずこれは食べられるようになった。いまの状態でこんなやね。お前に置き換えたらどうなるか考えてな」

などと伝えながら、その席で彼らの悩みを聞いて、アドバイスをします。

そうやって、木本でもここまでできるんだというのを知ってもらい、その後輩に「とりあえずこのレベルには行きたいな」と感じてもらう。それが、芸を磨くモチベーションになればと願って……。僕自身が、常に刺激がないと頑張れないタイプでした。だから、モチベーションのもちように困っている後輩を見ると放っておけませんでした。

そうしたことを続けていれば、後輩も頼ってくれるようになります。

ただ、振り返って考えると、僕の器をはみ出した行為でした。目一杯背伸びして、大きく見せようとしていました。

後輩に、いい格好をしようとする。施しをしているつもりはないのですが、「いっしょに登って行こうぜ、楽しもうぜ」と巻き込みたくなる。そういう僕の気質が、投資問題にもつながっていくんです。

鶴瓶師匠に〝恩返し〟どころか、お顔に泥を塗る不肖の後輩でした。

木本の戒め 40

尊敬する師匠を真似ても、しょせんは猿真似

41 カッコいい大人に近づきたい①　バルミューダ寺尾玄さん

バルミューダのグリーンファンを紹介したことで、寺尾玄社長とのご縁が生まれました。寺尾さんと話していると、言葉よりもモチベーションのあり方に共感を覚えます。僕も「この道を進めばいいのだ」と安心感を与えてもらったからです。寺尾さんはもともとミュージシャンでした。大手レーベルと契約してプロになったのですが、バンドはその後解散。そこからプロダクトの方向に転換した。つまり、ミュージシャンを諦《あきら》めた。でも、自分自身の頭から湧き起こる発想を形にしたいと考えて、バルミューダを創業したのです。

その過程に僕は共鳴できたのです。もし僕がお笑い芸人にならなかったとしても、必ずなにかを生み出す仕事に就いたでしょう。たとえば、いつか芸人を引退したら（活動自粛の前から考えていたことです）サービスを作りたいと思っています。いまでも「サービス作るのはおもしろいやろな」と頭の片隅にはいつもあります。特にクリエイティブ系の職業に携わっている人はお分かりになると思いますが、

「頭の中で湧き起こるものを具体的な形にして勝負したい」

そういう衝動が誰しも必ずあります。

寺尾さんは音楽で食べていきたかった。それは叶《かな》わなかった。そこで会社員になったってよかったはずです。音楽や芸人を諦めて、サラリーマンに代表される安定的職業に就く人だってたくさんいます。でも、音楽ではないものを形にするという選択肢しかありえないと、自ら結論を出したのだと思います。

バルミューダの創業当初は、ノートパソコン用のアルミ製スタンドなどを製造していましたが、まさにグリーンファンで家電メーカーに転換したのです。

「自分の頭にあるもの」「自分のやりたいこと」を突き詰めていって、形あるものとして作り上げる。「それを手にした人が喜ぶ顔を見たいんだ」。そんなことを寺尾さんは僕に熱く語りました。

結局、エンタテインメントなんです。

芸人として、そこに共感できます。

そして寺尾さんはどんどん新しいプロダクトを世に出している。

「人を驚かせたい。楽しませたい」

そういうエンタテイナーの気質が寺尾さんの挑戦を支えていることを知りました。

「それなら、俺の考え方のど真ん中は間違ってへんな」

と僕に確信させてくれた人として、ますます寺尾さんのことが大好きになるんです。年齢は僕の方が1個上なんですが、同世代の男として、これからも彼の活躍を応援したいですし、少しでも役に立てる存在でいたいと思っています。

木本の戒め 41 「人を驚かせ楽しませる」のがエンタテインメントの真芯

42 カッコいい大人に近づきたい② 大阪の歯医者さん

活動自粛中には、これまでの自分、これからの自分、これからのTKO……。ありとあらゆることを考えていました。その中で、思い浮かんだもののひとつが、大阪時代にお世話になったある人のことでした。

それは、僕がずっと通っていた大阪の歯医者さんです。当時はとにかく仕事がなくて、借金がどんどん膨らんでいる状態。ですから、歯の治療に行くこともできず、虫歯を放ったらかしにしていて、奥歯が抜けてしまっていました。

「東京に行きます」。そう決断したことを先生にご挨拶がてら報告をしました。そうしたら後日、先生から電話がかかってきました。

「木本くん、虫歯治したるからちょっとうちおいで」

「いや、先生。ちょっともお金ないんです」と僕。

「そんなんええて。餞別《せんべつ》やからちょっとおいで」と先生は鷹揚《おうよう》におっしゃいました。

東京に向かうまでの3カ月の間に、すべての悪い部分を治していただきました。明日、東京行きという日に、やっと歯の治療が完了しました。

「男はやっぱりここっていうときは歯を食いしばらなあかん。歯がボロボロやったら食いしばれんからな」

僕らが不退転の決意で東京に向かうことを知っている先生の言葉が、心にじんわりと染み込んできました。

そして、「ちょっと待っとき」といって、診療室から奥の自室にすたすたと行ってしまいました。

戻ってくるなり、バーンと僕の前に箱を置きました。開けるとロレックスが入っていました。

「木本くん、男には最低限の見栄も必要や」

時計マニアだった先生は「ずっといいタイミングで渡したかったけど、いまやな」とおっしゃいます。

「これからええ歳になっていくし、いくらお金がなくても、ここぞというときにいい時計をしていけば舐《な》められへん。そんなときにコレを着け」

もう、僕は感動のあまりなにをいっていいかわかりません。

「最悪、生活に困ったら、貴重なモデルだから売ってお金に換え」

とまでおっしゃる。見栄のためだけではなく、その後の生活のことまで考えてくださっていたんです。

僕は、そのご厚意に「ありがとうございます!!」と頭を下げるしかありませんでした。

先生は、自分が愛情を注ぎたいという相手にこれまでも同じことをなさっているのでした。そこに僕まで入れていただいた。

そういう素敵な大人に憧《あこが》れました。先生のお顔、先生のご厚意、それを思い出すだけで、仕事にやる気が出ました。

同じようにはできないけれど、先生の「爪の垢《あか》」ほどでも後輩に還元したいと考えて行動してきました。名前を知られていなくても、「無償の愛」を注いでくれる〝街場の聖人〟が世間にはゴマンといるんです。

もちろん、先生からいただいた時計は後生大事に僕の手元にあります。

木本の戒め 42 歯を食いしばってでも、見栄を張れ

第5章

生き地獄からどうやって生還するか

僕は「投資トラブル」で、所属事務所を退所し、自宅に引きこもる生活を送っていました。妻とその母、そして2匹の飼い犬。その5人家族の環境で、数カ月をすごしました。その間、頭の中をいろいろな感情が目まぐるしく渦巻いていました。「借金をどうする」「芸能活動をどうする」「死んだほうがいいのかな」……。日々落ち込んでいく精神状態の中で、これまでの自分のやり方について考え尽くしました。「なぜトラブルを引き寄せたのか」「なぜ調子に乗って周りを巻き込んでしまったのか」。答えが出たものもあれば、そうでないものもありました。ただ、ひとつだけ救いだったのは、信頼を失ったと思っていた相方や仲間たちが「大丈夫、俺たちがついてる」と有形無形の支援をしてくれたことでした。

43 「どん底」よりも深い場所で僕が経験したこと

投資トラブルがすぐに解決できないとわかり、そこからさまざまな報道がなされました。僕は松竹芸能を退所して、自宅にこもっていました。〝どん底〟といってもまだ言葉がヌルいと思われるような、深いところに沈んでいました。

極論ですが、「僕が死んで解決するならば、そうします」というテンションでした。ただ、本当に「死のう」という気持ちは僕の中にはありませんでした。

ほとんどものが食べられなかったことは、別のエピソードで書きましたが、ご飯の時間になるのが怖かったです。食べないと身体を壊すのはわかっているので、なんとか口に入れましたが、すぐに戻してしまいます。

自宅に引きこもっていますから、マンションの廊下で愛犬の散歩をするていどの運動しかしませんし、表情も動かないので、鏡に映るじぶんの顔がみるみると目尻《めじり》から頬まで垂れてくる。そうするうちに、まっすぐ立って歩こうとしても身体中に痛みが走る。背中を丸めると痛みが和らぐ。そんな状態です。街で背中を丸めて歩く人を見たことがありましたが、それはきっと精神状態が自然とその姿勢を求めるんだと、身を持って知りました。

ネットも誹謗《ひぼう》中傷の嵐で「詰んだな木本」という書き込みだらけ。自分でも「詰んだな」と思わなくもありません。でも、「木本は詰まなかった」というレベルまで戻さないと、この先の人生はないと考えていました。諦《あきら》めてしまったら、もうゼロです。

だからこそ「諦めたらあかん」と。

精神的にも肉体的にも疲れ果てているはずなのですが、夜になっても眠れません。そんな僕の脳内に「諦める諦めへんの一枚の壁」がイメージとして映像で浮かんでいました。ものすごく薄い壁です。ちょっとでも穴が空いたら、そこから崩壊すると確信できるような。軽く触れただけでも破けてしまう障子紙より薄い壁。その向こう側はもう「地獄」が待っています。絶対に近寄ってはいけない。そう強くつよく念じて近づかないようにする。それが、一番辛《つら》かったときの精神状態でした。

壁の向こう側に行かずにすんだのは、同居する妻と義理の母、そして2匹の愛犬の存在があったからでした。いちばん近くの家族をこれ以上悲しませることはできません。妻にはトラブルが解決できないとわかるまで、相談したことはありませんでした。それまでも仕事に関してはすべて自分で決めて行動してきましたので。隠しようがなくなって、すべてを打ち明けました。

妻は「これからどうなんのよ?」とは問いませんでした。もしそんな言葉をかけられていたら、こちらに余裕がないので「頼むから黙っといて」と強い口調でそこから先の言葉をさえぎっていたでしょう。ありがたいことに、妻はそうした言葉を発することはありませんでした。

ただ、僕がテレビを観ているふりをしていたときに、

「なんとかすんねやろ」

と一度だけポロっとこぼしました。

「うん、もちろんやで。だからそれを考えてんねん」

僕はそれだけ答えました。夫婦でトラブルについて会話したのはこれっきりでした。

「この期に及んで、まだ俺がなんとかするって信じてくれてんのや」

妻のひとことが立ち直るための大きなエネルギーになりました。

木本の戒め 43 「信じてる」の言葉をエネルギーに換える

44 「武宏の言葉しか信じへん」と父はいった

トラブルで抱えた借金のために、親族にもお金を借りるために大阪に帰り、頭を下げて回りました。まじめな父親は、こんなアホなことをした長男にまず憤慨《ふんがい》していました。僕なりに懸命に説明しましたが、

「ようわからん。けど、お前エラいことになってしまうんやな」

とだけ口にします。

東京に帰ってからも、下の妹を介して「俺には電話せんでええ。そんな状況じゃないやろうし」と父は伝えてきました。そして、「ニュースは見ないようにする。武宏の言葉しか俺は信じへん」といっていたようでした。

僕の近所に住むすぐ下の妹と、妻にはすべての事情を打ち明けていました。そういう状況の中で、妻と妹は「とにかく私たちはふつうにしていよう」と決めたそうです。

「お兄ちゃんはこの状況をなんとかするためにフルで頑張るやろ。死ぬ選択はしないやろ」と話し合って、僕の前では明るく振る舞ってくれました。

言葉での激励ではなく、態度で応援してくれた気持ちはとても嬉《うれ》しかった。反面「申し訳ないな」という辛さもありました。妻の手料理も、不安にさせないよう、さりげなくトイレに行って戻していましたが、いま振り返れば、それもわかっていたのだと思います。

トラブルが大々的に報道されて、自宅マンション前には芸能マスコミが張りついている状態になりました。そのときは「なにをする気も起こらない」精神状態でした。唯一できたのはトラブルへの対応だけ。それで精一杯というのが7月から9月くらいまで続きました。思い返すと、うつ状態だったのでしょう。

外には出られませんから、動けるのはマンションの内廊下だけでした。ただ、折りよく外壁補修工事が始まっていて、マンションぜんたいが網で覆われていました。なので、ベランダに出ても張り込みカメラマンが狙う望遠レンズの標的にはなりません。そこだけが救いの場所で、ベランダから記者の人たちや、通りを歩いている人をボーっと眺める日々でした。

その人たちを見ながらふと思いました。

「この人たちはふつうに生きられていて羨《うらや》ましいな」

ふつうの生活が送れなくなった僕は、そんなふうに考えていました。

「どんなお金持ちよりも、ふつうに生きている人が幸せだな」

心が落ち着いている現在は、「みんないろいろあって、ふつうに生きていられるわけじゃない」とわかります。でも当時の僕は、淀《よど》んだフィルターを通して、ふつうに生きている人たちに羨望《せんぼう》を感じていたのです。

「もし、この歩いている人たちの前に自分が落ちたらどうなんのやろな」なんて妄想も浮かびました。「あの人たちのふつうの日常はなくなんのやろな」。

「お金持ちになりたい」と欲望に走って地獄の手前まで堕《お》ちた僕の精神状態はボロボロでした。

木本の戒め 44

ふつうに生きるのが一番難しい

45 「死ぬつもり」なんてなかったけれど

「死ぬなよ」

トラブル発覚後に、僕のＬＩＮＥはそんな言葉で埋め尽くされました。

「最悪のことをしたらあかんぞ」

というメッセージも多かった。

精神状態はボロボロでしたが、僕に「死ぬつもり」はありません。ですから、

「いやいやそんなことするわけないやん」という返信をしていました。

でも、毎日毎日、何百件も同じようなメッセージに接していると、その言葉が頭の中を支配してきます。すると、精神的にそちらへ吸い寄せられていくんです。

そんなつもりはなかったのに、

「死ななあかんのかな」

「みんなにそんな状況だと思われているんやな」

という思いが強まってくる。

たとえば死ぬとしたら、楽な方法ってなんだろう……。

「へへ、なにいうてんの俺」と頭ではその考えをすぐに否定する。

「なんでそっちに思考が向かうのやろ」と、冷や汗が出ました。

そう思いながら、「死に方」について検索するようになる。じっさいに、「練炭は夏にホームセンターで扱ってんのやろか」と思って、「夏、練炭」で検索をかけました。

もう、ほんの少し先に「死」があることを意識しました。

それまで、自殺する人はゼロかイチかで死にたくなって、衝動的に死を選ぶものだと考えていました。

でもそれは違うなと確信しました。「死」に至るまではグラデーションになっているのです。「死」と真逆のところにいても、フワッと周りの言葉や、周りからの刺激を受けたり、社会的なプレッシャーを感じたりして、ダークサイドに引き込まれる。気がついたときにはもう「五里霧中」になっていて、冷静さを失っています。しかも、それはごく短時間で起こり得るんです。

「死ぬなよ」というマイナスのネガティブワードは、特に強く精神に作用します。頭にこびりついて離れなくなっていきます。

だから、もしあなたが友人に本気で「死ぬな！」と伝えなければならない場面があったならば、

「深呼吸してみ」といってあげたほうがいいんです。

あるいはほかのポジティブな言葉でもいい。

心理学的にも理にかなっていると思います。スポーツでたとえることが正しいかどうかわからないですが、野球で「このスライダーだけには手を出したらあかん」というと、かえってその球に手が出てしまう。それよりも「インコースだけを狙え」のような、プラスの方向で言葉を投げかけた方が成功すると聞きました。

僕あてにそういうＬＩＮＥを送ってきた人を否定したいのではありません。

こんな想像をしました。励ましの言葉を送ってくれる人は、僕のことを本当に心配する

あまり「死ぬなよ」とか、「バカなことしたらいかんよ」という直接的な言葉を使って、そちらの方向へ行かないようにしてくれただけなんだ。

ただ、メッセージを受け取るのは僕だけです。一人一人が必死になって僕を引き止めてくれる。本気で心配してくれるのは嬉しいし、ありがたい。ただ、そんなネガティブワードの矢が四方八方から毎日何百通も僕に突き刺さってくるのです。それが結果的に「精神的にどん底な人」を追い込んでしまう。「起こったことはたいしたことない」などと、矮《わい》小《しょう》化する必要はありません。でも、その人の「心が晴れる」ような言葉を選んでもらいたいと思います。

そう、僕が活動自粛中にあって「心に響いた」言葉があります。

それは、

「待ってるよ」

という、ある芸人仲間が送ってくれたメッセージでした。

木本の戒め

45

落ち込んでいる人にはポジティブワードが効く

46 千原ジュニアから突然の呼び出し

僕が自宅に引きこもり状態のときは、精神的にはほぼうつ状態だったと思います。自分が地獄と薄い壁一枚の隔たりにいるようなイメージを持っていましたが、もうひとつ〝どん底〟も味わっていました。

それは、ヘドロが底なしに溜《た》まった井戸に、ズドンと突き落とされた気分でした。屋外の池とか沼が底なしなのではありません。光も届かないような真っ暗な深い井戸で、「ズブズブ」「ズブズブ」と音を立ててゆっくりと沈んで行くような気分でした。

そこに久しぶりに再会した木下が細い細い糸を垂らしてくれました。ただ木下も、どういう方法で僕のことを引き上げるか、正解なんて持っていない。

「俺もようわからんけど、とにかくこの糸を摑《つか》んでろ。なんとか助けるから」

というメッセージをくれたのです。

僕はこれ以上沈まないように、その糸を摑みました。

「ありがとう」

木下が希望でした。

ただ、摑んでもそれ以上は沈まないだけで、この細い1本の糸では井戸を上がって行けません。そうしたら、ほかにも細い糸が何本も垂れてきました。それを束ねて太い糸に撚《よ》り合わせた。

その糸のおかげで、なんとか地獄の底から地上に這《は》い出ることができた。

その1本1本の糸を垂らしてくれた人たちの気持ちに対して、「ほんまにありがとう」と感謝しています。そうした思いがあるからこそ、自分の過去を振り返って大きく反省できました。

細い1本の糸の集合によって救われました。どの1本が欠けても途中で切れてしまって、地上には出られなかったでしょう。

僕の中では、そんなイメージでどん底の精神状態から立ち直ってきました。

精神的には上向きになれましたが、まだ外出するのは怖かった。掃除や整理整頓《せいとん》する気分にもなれず、自宅のプライベートスペースも散らかしたままになっていました。

そんな日々で、ふとテレビとハードディスクレコーダーのリモコンが「ハの字」に置かれているのが無性に気になりました。思わず、その2つのリモコンをテーブルにまっすぐに並べて置き直したのです。それは騒動になる前までの僕のルーティンでした。

それが合図のように、乱雑なままの走り書きメモや、あちこちに置かれたペンなどを整理できるようになりました。加えて、きちんと顔を洗い、シャワーを浴びてスッキリするという、日常生活に復帰できました。不思議なもので、2つのリモコンが、本来の自分を取り戻すきっかけになったのです。

騒動から2カ月がすぎると外にいる記者の数も減ってきていましたが、すっかり外出恐怖症になっていました。そうしたら、9月頭くらいに、千原ジュニアから突然LINEが入りました。

「いまなにしてんの？　ちょっとご飯食べへんか」

という誘いでした。若手の頃からの知り合いで仲よし。とてもありがたいものでした。

じつは、いつも木下を交えたり、ほかの芸人もいたりして、サシで飲んだことはありません。せっかく声をかけられたのならば、これをきっかけにするしかないと決断しました。騒動後、初めての外出でめちゃくちゃ怖かった。深いハットをかぶって、誰とも目を合わさないようにお店に向かいました。

「誰もが俺を悪者扱いしているんだ」

そんな被害妄想的な気分から逃れられないまま、待ち合わせの店につきました。どんなテンションでしゃべったらいいのか、どんな声のトーンでしゃべったらいいのか？　見当もつきませんでした。でも、彼はきわめてふつうに接してくれました。トラブルについて話が向くこともありませんでした。ご飯を食べながらごくごく当たり前にある芸人同士の雑談に終始していました。

そこにナイツの塙宣之《はなわのぶゆき》くんや、ずっとよき後輩だった団長安田《だんちょうやすだ》も合流して、ワイワイやっているうちに、「なんか俺、こんなふうにしゃべってたな」という感覚が戻ってきました。その日を境に、人としゃべるのが怖くなくなり、いろいろな知り合いに電話もできるようになった。そこから、以前と同じではないにせよ、〝行動力の木本〟が徐々に復活していったのです。

47 這い上がるための武器はなんだ

僕は落ちるところまで落ちました。

這い上がるためにはどうしたらいいのだろう？

よくバラエティで見かけるシーンが脳内でなんども再生されていました。落とし穴にハマり、手がかりも足がかりもないのでツルツルと滑ってしまい、どうにも穴から抜け出せない芸人の姿です。外からは滑稽《こっけい》な絵ですが、もがいている当人は絶望しかありません。

やっぱり、底から抜け出すにはなんらかの武器や道具が必要だと思いました。底にとどまるという選択肢はありません。莫大《ばくだい》な借金があるので、返済するためには仕事をするしかないのです。さらに、僕のいままでの〝成功方程式〟は通用しないのではないか？　そんな思いもあります。それに則《のっと》ってやっていたはずなのに、大失敗をしたからです。

「どうしたらええねん？」

僕は、これまでの人生で経験をしたことがないほど真剣に考えました。これほどまでの挫折《ざせつ》を経験したことがありませんでしたから「立ち上がるための武器」はなんだろうと真剣に探しました。

そんなとき、自分の頭に「ポーン」とあるイメージが降ってきました。ごくごく自然発生的なものでした。


「人の話を素直に聞こう」


それは、木下に再会したとき、仲間の芸人たちに再会したとき……。かつてだったら、素直な気持ちで話を聞けていなかったと思ったからです。別のエピソードにも書きましたが、常に鎧《よろい》を着けていたので、人の話に１００％の正味で耳を傾けていなかった。

この啓示が降りてきたときに、「この思いを武器にして自分は前進できる、這い上がれる」と確信できました。これまでは、どこかで「自分の考えが一番」と思っていました。

説明してきたように「人に相談されることが多い人生」でしたので。相談事を噛《か》み砕いて、相手に返すことが当たり前でした。僕はそちら側の人間なんだと思い込んでいた。狭いコミュニティのお山の大将で満足していました。

投資のトラブルも根っこは一緒です。

「木本さんなんかいい話ないですか？」

「木本さんこの暗号通貨ってどうなりますか？」

相談を受けました。仲間たちがそう求めているならば、「人一倍勉強せなあかんな。人一倍詳しくないとあかんな。人一倍いろんな人とパイプをもたなあかん」。

気づけばどんどんよくない方向の人脈につながっていきました。その人脈で得た情報を、仲間たちにフィードバックする。その際、彼らも仕入れた情報を伝えてきます。でも、僕からしたら「うん、その話はもう知ってんねん」と思うことが多かった。

自分が一番詳しい状態で、質問に「それはこうらしいで」と答えると「そうなんすか。やっぱ木本さんすごいっす」というやりとりになります。それが昂《こう》じて「僕もやりたい、参加させてください」と一段一段登って行くように、仲間たちと投資にのめり込んでいきました。

こういう、一連の流れを作った張本人が木本武宏でした。そこを考えると、どうしたって「僕に責任がある」が結論になってしまうのです。

話が横道に逸《そ》れてしまいましたが、僕は「自分が一番詳しい」という知ったかぶりをやめました。常に、ニュートラルの体勢で人の話を素直に聞いて、100%中身を理解する。そんな想いで生きています。人の意見を聞くことが、こんなに自分の心を楽にさせるんだ。そんな経験は初めてなので、僕自身が驚いています。

木本の戒め 47

「自分が一番詳しい」という知ったかぶりをやめる

48

「わからない」が最短の答えになることもある

芸人として再スタートを切ってから、僕は以前とは違っていると思うことが増えました。もちろん意識的に変えていることもありますが、無意識にやっていて気づいたこともあります。

それが人に対して「わからない」といえるようになったことです。

ある日、後輩から仕事上の悩みを相談されました。その質問に対して、僕の中にはすぐに最適な答えが見つかりませんでした。

それで「わからん」と返しました。

そうしたら後輩がちょっとの間を置いてから、

「ですよね」と納得顔で頷《うなず》くのです。

「それほどのことやったら、考えるのやめますわ」と、サクッと自己完結して帰っていきました。

「わからん」のひとことで、あっという間に解決することもあるんだ。僕はかなり衝撃を受けました。「先輩らしい答えはなんだろう」とか、「頑張っていい答えを返してやろう」などというのは、もしかしたら無駄な努力じゃないかと。もし、答えをひねり出せても、その場を取り繕うだけ。かえってものごとを円滑に進めなくさせるだけだと発見したんです。

以前の僕なら「わからん」とはいえませんでした。「俺を頼りにして質問をしてきているのやから、不安にさせたらあかん」と考えていたからです。無理矢理でも一生懸命に想像力を働かせて、「こうしたほうがええんちゃうか」と結論を出していました。

それも、先輩と後輩とのコミュニケーションです。礼儀正しく質問にきた後輩には、礼を尽くして答えを与えるのが先輩。逆に目上の人に対しては、その人が楽しくなる答えを用意する。

おそらく以前の僕は、〝努力スイッチ〟を入れることで、そんな場面に対応していたのだと思います。その努力は以前に触れた「向上心」の範疇《はんちゅう》のもの。ゆえに「正しい対応」ができていると思って生きてきたのです。

そこからさらに気づきがありました。

僕は人に相談しない人間でした。

たいていのことは、自分で決めて行動に移すだけです。「悩んでるんだけど」と誰かに相談したところで、それは自分の中では結論が出ている「やるか、やらないか」の2択の悩みにすぎないことがほとんどでした。ほんのちょっと「背中を押して欲しい」だけなのです。

だから、僕の本質的な性格として、相談されるのが下手くそなんです。そんな人間が、いい人ぶって「話を聞くよ」オーラを出していた。身の丈を超えた責任感に酔っていたのかもしれません。やっぱり、人からの相談を受ける人間は、人に相談する気質を持っていなければいけない。それが最低条件だと思います。

僕が新しく獲得した、「わからないことは、わからない」というやり方はエピソード34で触れた「鎧を脱げた」ことの別の形でのアウトプットだと思います。これは、騒動を経てよかったと思えることのひとつです。

木本の戒め 48

ほかの人の判断に委ねることも必要

49 自分の考えをストレートに相談する

僕はできるだけ周りに頼らず、自分の決断で人生を決めてきました。それが、今回の騒動で初めて「助けてください」という感情が生まれました。なぜなら誰がどうみても最悪な状態だったからです。世間からもまるでサギ師や犯罪者のような扱いをされ、「木本詰んだな」の大合唱でした。

その隠しようがない状況においては、ちっぽけなプライドでごまかせません。いろいろな人に頭を下げました。どうすればいいか、相談しました。そしてじっさいに助けていただきました。僕はそのとき、人生を50年以上やってきて、初めてのこんな気持ちになれたのです。

「助けられることは、そんなに辛いことじゃないんや」

ちょっと自分でもびっくりするほどの新鮮な感覚だったのです。

それまでの僕は、

「助ける側で、助けられる側じゃない」

をずっと実践してきました。だから、「一度助けられたら、もうずっと助けられてばかりの自分」になってしまうという先入観がありました。そして、「助けられることが平気な日常」に慣れると、「人を助ける人間でいられない」恐怖感がありました。「俺は助ける側でいたい」というええカッコしいでしかありませんでした。救いようもなく視野が狭か

った と思います。

「助けてください」と相談するうちに、その重要性にも気がつきました。世の中には自分より詳しい情報を持っている人はなんぼでもいます。そういう人に相談したほうが解決は早いからです。

たとえば、今回の騒動で身体に相当なストレスがかかっていました。それに借金まみれの節約生活をする中で、健康面で不安もありました。食生活を見直さなければというステージで、野菜嫌いだった僕も積極的に摂取しようと興味を持ち始めたのです。そうするとスイッチが入るのは僕の〝性《さが》〟です。インターネットや書籍で調べても「これどういう意味なんやろう」という項目が増えていきます。それは僕の知識では解決できないことでした。

そんなときに、番組で出会った野菜の専門家の方にこちらからDMを送りました。

「教えてください」

僕自身がびっくりするくらい、素直にお願いごとを伝えられました。そして、謙虚にアドバイスを受け止められました。やりとりをするうちに仲よくなり、ご飯をご一緒するようにに。直接話すことで、野菜の重要性をより詳しく知ることができたのです。

TKOというコンビにもいい影響をもたらしました。47都道府県コントツアーの最中ですので、ずっと木下が中心にネタを作ってはブラッシュアップする作業が続いています。以前だったら、本音では「俺はこうしたほうがいいと思っている」という考えをベストなタイミングを計って提案するというやり方でした。理由は自分を大きく見せるため。無駄に「溜めておく」ので時間的なロスも多い。上から目線の言葉にもなりやすい。その結果として、ケンカを誘発することも多かったのです。

でも、いまは「こうしたほうがおもろいやん」というのを、思いついたタイミングで、言葉をお化粧せずに伝えています。そして、必ず「木下はどう思う?」と聞けるようになりました。つまり、「僕が正しい」というスタンスの押しつけをしなくなった。

僕はやっとのことで「人に相談して、アドバイスや意見を求める」ことの大切さに気づけました。多くの人には「当たり前の感覚」でしょう。ただ、僕には新鮮な感覚です。一番大事なコンビ間のコミュニケーションが円滑になりました。素直な気持ちで人の話を聞くことができていれば、「いまなんていうた?」「それって、こういう意味かな?」と聞き返すこともできます。

かつての僕にとって、聞き直すことは「理解力の乏しいやつ」イコール「カッコわる」

でした。
どっちがカッコわるかったか？　答えは明らかです。

木本の戒め 49

聞くはいっときの恥、聞かぬは一生の恥

50 信用は失ったけど温かい励ましはそれを上回った

投資トラブルによって、僕は多くの人の信用を失いました。いまだに僕を許せないと思っている人もいるはずです。自分のこれからの行動と態度で、少しずつでも挽回《ばんかい》するしかないと思っています。

その一方で、騒動の渦中においても、多くの励ましの言葉が僕のメールやＬＩＮＥに届きました。先輩に後輩、いろいろな芸人仲間たちがこんな僕を見捨てることなく、温かいメッセージを送ってくれました。

たとえば、あるピン芸人は、

「木本さんはちょっとミスっただけです」

というメッセージをいち早く伝えてくれました。ほかにも、

「木本に限ってそんなことをするなんて思ってないから。早く、ちゃんとしゃべれる日が来たらいいね」

そんな言葉を投げかけてくれたのです。

そこには直接的にも間接的にも「木本のことを信じているからね」と僕を信頼してくれている言葉があふれていました。

そして、いざ活動を再開する記者会見の後も、

「よかったね」

「待ってたよ」

という「期待を寄せてくれる」メッセージが多かったのでした。

騒動のピークにあったときでも「温かい言葉」をかけてくれる芸人仲間に救われました。

もし、その言葉がなかったら、僕の精神は耐えられなかったかもしれません。

そんな、どん底のときの励ましに深く感謝しています。

復帰した後に、テレビやＹｏｕＴｕｂｅなどさまざまな媒体に呼んでいただけました。その現場でも温かい声をかけていただくことが多いので、「ほんまは、俺のことどう思ってんのやろ」「どんなつもりで出してくれるんやろ」など疑心暗鬼に陥らずに済んだのです。

僕は仲間たちの「信頼」を感じました。そして、

「仲間の信用は失われずに残っていたじゃないか」
「僕なりに築いた信用は簡単には失われなかった」

そうした思いを、１００％のマックスで信じることができました。

復帰後に大阪でトークライブをしました。チケットを買ってくれた若手の後輩たちが楽屋を訪ねてくれました。
「連絡したかったけどできませんでした。でも会いたかったから来ました」
といって。

ひどく申し訳なく思いました。東京よりも大阪の後輩のほうが少しだけ距離があるので、こちらから「来てな」とはいえません。それでも足を運んでくれた後輩たちに、事務所の壁を越えてでも「お前ら」って呼べるような関係性を築き直したいという思いが湧き上がってきました。とくに松竹の後輩には「合わせる顔がなかった」ので。

ただ、これが僕のダメなところです。

仲間を100%信用できていたら、「お金が欲しい」とか、「もっと稼ぎたい」という発想に向かわなかったのではないか？　そんな反省をしたのです。つまり、自分こそが「人からの信用こそが大切」という教訓を蔑《ないがし》ろにしていた。そして、周囲の人たちへの感謝を忘れていたのです。

木本の戒め 50 どんなときも周囲への感謝の気持ちを忘れない

51 〝お笑いモンスター〟に身を委ねる心地よさ

芸能界に復帰でき、地上波の番組にもちょこちょこと出演させてもらうようになりました。あわせて47都道府県のツアーをしながら、お笑い芸人を集めたライブにも久しぶりに声をかけていただきました。業界で〝早坂営業《はやさか》〟と呼ばれる大箱に多くの芸人が集う「爆笑!!お笑いフェス」に、久々に呼ばれたのです。僕らは古株だったので、個室の楽屋が用意されていましたが、そんなところにこもっていても仕方ありません。

ただ、初対面や久しぶりに顔を合わせる仲間も多いので、「みんなに気を遣わせてしまうかな」という思いもありました。大部屋の楽屋入り口にケータリングのドーナツが置いてあったので、なにも考えず「エンゼルクリーム」をつかんで「木本です。みんな、おはよう」と入っていきました。

僕を見るないなや、ある売れっ子コンビの片方から、

「木本さんもうドーナツ食べてるんですか？」というツッコミがはいりました。

「え、俺ドーナツ食うたらあかんの」

「まだ早いっすよ」

「俺、まだ早いんや」

「いや、食べてもいいけど、ハニーディップまでです」

「そっか、俺まだクリームは早いか」

「生クリームじゃない穴が空いたベタなやつが、ギリセーフですね」

「なんでやねん」なんて、いきなりイジり倒してくれました。

そんなやりとりの直後に、あえて足を組んで椅子に座りました。

「それと、足を組むのもまだ早いです」なんて、別の芸人が突っ込みます。

そうやって「木本はまだ早い」ネタで楽屋の雰囲気がどんどんできあがっていくんです。

また、ほかの芸人が、

「木本さんドーナツをすぐ手に取ったらダメです。置いといたらたぶん勝手に増えるんで」

「増やすなんて俺にいうな！」

なんて、投資ネタにまで展開します。

いろいろな番組やＹｏｕＴｕｂｅを観て「木本はイジり倒していい存在なんだ」「騒動

ネタもぜんぜんオッケーなんだ」と認識してくれていたのです。仲間たちはまったく遠慮なく僕をイジってくれました。

「口火を切るのがあいつだったら、最後にオチをつけるのはあいつやな」なんて芸人同士で暗黙の了解があって、その楽屋では松竹の後輩で可愛がっていた「なすなかにし」が最後を引き受けてくれました。ドカン、ドカンと爆笑が沸き起こるやりとりは1時間近く続きました。

僕はそんな空間の心地よさを存分に味わっていました。

「とにかく飛び込んだら、みんなでなんとか料理してくれるんや」

そう、〝お笑いモンスター〟である芸人たちは、飛び込みさえすれば、なんとでもしてくれるんです。身を任せてしまったほうが大きい笑いが取れる。これを昔からできていたら、「お笑い芸人としてもっとおもろくなれたんちゃうかな」と思いました。

ただ、それはいまからでも遅くないとも考えています。

先ごろ放送作家を引退することを表明した鈴木《すずき》おさむさんは同世代です。若手の頃に僕らが一方的にやらかしたことがあったのですが、快くそれを許してくれて、彼が携わるいろいろな番組に呼んでもらいました。

おさむさんが僕らに、

「芸人はなんど倒れてもまたまっすぐ立てる」


という言葉を残してくれました。

それは、バーンと倒されても、違う方法でまた立ち上がれるという意味だと思っています。目的は「シャンと立つこと」。立つ方法はなんだっていいんです。芸人としてシャンと立てるならば、どんな手法のお笑いだっていい。そんなふうに僕は解釈しています。

僕たちは大きな騒動を起こしてしまいました。世の中に隠しようがないほどそれは拡散しました。でも、芸人であれば、それすら「笑い」に転換できるんです。

「お笑いのパワー」に、僕らは救われたのです。

木本の戒め 51

「笑いのパワー」が救ってくれた

52 欲望が人生のモチベーションだった

僕は報酬という見返りを求めずに〝推し〟の紹介をしてきました。エピソード25でも書きましたが、その行為は僕の〝まごころ〟だと思っていました。ですが、よくよく考えてみると、天に誓って純粋な気持ちだったのだろうか？　自分に疑問が湧いてきました。周囲にお勧めしまくっていた僕に〝野心〟とか〝邪《よこしま》な思い〟がなかったとはいえないのではないかと。

そんな欲望に支配されて「投資トラブル」につながったことを説明してきましたが、逆にいえば僕は欲望を糧にどんどんと行動力を高めてきました。

たとえば、中学校を仕切ろうと思ったのは、自分や仲間が楽しく通える理想の形を実現したいという欲望でした。外から見れば責任感あふれる行為に見えるかもしれませんが、そんなのはきっと後づけの理由でしかありません。

それが、今回の騒動で、お金も仕事も信用も失ってしまいました。そのとき僕は人生で初めて「やる気」も失ったのです。

文字通り「ゼロ」になりました。

もう、「テレビに出たい」とも思いませんでした。「もう1回仕事がしたい」という想像もできませんでした。ベランダからボーっと外を眺めるだけだった日々における最大の願いは、

「ふつうの日々を暮らしたい」

でした。お日様の下でふつうに外を歩いている人が羨ましくて堪《たま》らなかった。

とことん「ほんまに詰んだな」と思いました。

「やる気」とはイコール「生きるモチベーション」です。

僕のモチベーションは「なんだったのだろうか？」と考えました。

「ああ、理想として掲げている欲望がいつもあったな。俺はそれに向かって突っ走るのが楽しくていろいろ手を出してきたんだ」

そういうものがすべて崩壊してしまい、僕は「どう生きるか？」を一瞬にして考えられなくなりました。

欲望をモチベーションに、自分の理想とする形にしたい。そのために、気の合う仲間たちとひとつの目標に向かい、ゴールに到達したい。そう思って頑張ってきたつもりでした。

でも、結果としてしくじってしまいました。

いまこうやって書籍を執筆しているのも野心によるものかもしれません。「木本は詰んでなかった」と証明したい思いは強いです。ただ、これからの僕のアウトプットは違うものになる予感がしています。自分のモチベーションが、「欲望」から「願望」に変わってきているからです。

いずれにしても、成功したのもしくじったのも、僕の性格に端を発している。ですから、その性格を全否定するのも違うのでは、と僕の心はささやくのです。だから、僕がいま常に意識していることはたったひとつです。

〝性格の使い道〟を、もう間違えない。

木本の戒め 52

〝性格の使い道〟を正しく知る

53 直接的に「すごいね」といわせない

「人に頼られると、気持ちいい」

僕が子どもの頃からしょっちゅう抱いていた感情です。ひとつのパンを半分に割るとします。僕は明らかに大きいほうを相手に与えて満足するタイプでした。周りの面倒をよくみているうちにさらにひねくれます。

目の前で「木本さんってすごいね」といわれても嬉しくない。自分のやっていたことが回り回って「木本さんはすごいって聞いたよ」と間接的に耳に入ってくるほうが何倍も満足感を得られました。

たとえば、僕より背が低い友人がいて、ちょっと高いところにあるリンゴを取りたくても取れないとします。どうにか取れるよういくつかヒントも出しますが、届かない。僕は「ちょっと仕事あるから帰るわ」といってその場を去ります。その際に、小さな台を残すなど、さりげなく解決方法が見つかるようにしておく。僕がいなくなった後に、それを見つけてリンゴが取れた。友人はなんとなく「木本のおかげやな」と思う。僕からすると、友人に「そう思わせたい」やり方です。

あるいは、裏回しでも同様です。やっぱり自分の貢献をさり気なく知らしめたい。バラエティのひな壇で、話に入って来れないイケメン俳優がいたとします。MCにカメラが向いている瞬間を見計らって「次の話題はこんなこと話すといいですよ」と助け舟を出す。それが、裏回しのもっとも優しいやり方です。でも僕はそういうやり方を取らずに、「ていうか、さっき彼と話したんですけど」と、自分も割り込みながらイケメンさんに話を振るタイプです。誰も気づかないまま役目をまっとうするつもりはありません。どうしても「ひと仕事しましたぜ」を見せたいのです。

いずれにせよ、僕の面倒みのよさは誰にも気づかれずにやる「素敵な行為」ではないのです。僕が貢献している場面が存在していたことに気づいて欲しい。ただ、その場で知らせるのはカッコわるい。後になって「ああ、木本のおかげや」と気づいてもらいたいという野心を持ったイヤらしい人間なんです。

「木本さんって優しい」
「木本さんみたいな人と結婚できたらいいのに」

なんて評価を受けがちでした。でも僕が「そう思うように仕向けている」だけです。僕も、その場その場の計算だけで動いているつもりはないんです。ただ、幼い頃から身に染みついている、ある意味で〝テクニック〟として発揮できる。

見返りは感謝の気持ちだけでいいといいながらも、それほど美しいエピソードではないんです。世の中には、まったくなんの見返りも求めずに、素敵なことを続けていらっしゃる方もたくさんいます（大阪の歯医者さんのように）。僕は、そういう人間ではありませんでした。そして、これからもそういう人間にはなれないでしょう。

「そういうやつやん」と自分の器を改めて知りました。そのときの「負の感情」や「落胆する気持ち」は精神にかなり響きました。

木本の戒め 53
「自分の野心」は表に出さないほうがいい

54 天然な木本を観て欲しい

「自分反省会」を続けてみると、これまで歩いてきた僕の道が「カッコわるい」エピソードばかりなのに愕然《がくぜん》とします。

勝俣州和さんにも指摘されましたが、「木本くんはいいやつだからね」というのが芸人仲間からのイメージでした。

また自分自身、「リーダーシップを取って、しっかりと行動する男」でありたいと振舞ってきました。

ただ、高校生から長いつき合いの妻にいわせると「誰よりも天然」だそうです。僕にもその自覚はありました。今回の騒動で、木本の化けの皮はとっくに剝《は》がれているのですが、「責任感のある木本」とは違う表現を追求していきたいと考えています。

僕自身も〝天然木本〟は深く追求してきませんでした。それができなかったのは、プライドが邪魔していたから。プライドがあるからこそ、かえって自分の見せ方やしゃべり方に、わるい意味でこだわってしまいました。固定されたイメージを崩したくないのもありました。対人関係で鎧を着けて接していたのに通じる話です。

それと、「なにかをおすすめする役」からも降りました。いまはそこに興味がありません。人から「すごい」と思われたい。そんな意識がなくなっているからです。

だから、現在は自分に１２０％向き合っています。

新しい木本をどうやってアピールするか。自分のためだけに時間を使っているところです。それならば誰にも咎《とが》められないので。

僕は自分自身にもう1回「お前ようやってるやん、すごいやん」と呼びかけたいのです。小学校のときはそう思っていました。少なくとも中学校2年生の2学期までは成績もトップクラスで、「よくやれている」と自負していました。

それをいつの間にか失っていました。自信があった頃は「自分のことだけをしてたなあ」と思い出しながら。

そんな、いまの僕に一番大事なことがあります。

「人をイジるよりも、どうやってイジってもらうか」

仕事を再開してから、こればかりを意識しています。今回の騒動を含めて、もともとあまり見えないようにしていた天然の部分。そして、イジりがいのあるエピソードには事かかない自分。これをどうやって木下や、絡んでくれる芸人たちに見つけてもらうかしか考えていません。なぜなら、エピソード51でのできごとに象徴されているように、そのほうが「笑いが取れる」し、僕自身も心地いいことに気づいたからです。

僕はずっと、司会進行が大好きでした。でも、現状ではそこに改めて挑戦しようと思っていません。オリエンタルラジオ・中田敦彦《なかたあつひこ》くんのYouTube『オリラジアカデミー』に呼ばれましたが、中田あっちゃんをイジろうとは思いませんでした。彼にも騒動があったので、お互いにイジり合うという選択もあったかもしれません。でも、僕はそちらに進むつもりは微塵《みじん》もなかった。それよりもあっちゃんから投資に失敗した僕を「どうイジってもらおうか、どうやったら上手にイジってもらえるか」だけを考えていました。以前だったら、そんな発想はしませんでした。

売れ始めた最初の時期からこの意識を持っていたら、もっと違うステージもあったのかなと思ってしまいました。「イジられるのがイヤ」だったのではありません。順番として「イジる側でいたかった」ということです。そこで俯瞰《ふかん》の目を発揮できていたらよかったのですが……。


さらに、コンビとしても、いまは「イジられる側に徹する」と決めています。これまでは、木下がドッキリを仕掛けてきたら、こちらも仕返しのドッキリをするコンビでした。

「いくらやってきても俺からは絶対に仕掛けへんから」

と、木下にはことあるごとに伝えています。木下こそが、ほかのお笑いモンスターたちよりも、より上手に僕を料理してくれるはずだと。

それを念頭にいろいろな企画を考えて欲しいと思っています。

木下にはこうつけ加えました。「しばらくは俺からこんな企画をやりたいという気はない。どうぞ俺で遊んでくれ」。木下は「うん」って、ものすごく安心した顔をします。コンビの役割がほんまにうまいことハマっています。これはコントツアーを始めてからどんどんと深まっていて、「木下あっての俺やな」とＴＫＯの原点の気持ちに戻れています。

ただ、最近ではちょっと心境に変化が生まれました。

「やっぱり、木下にドッキリを仕掛けるのもおもろいな」

「ＹｏｕＴｕｂｅのネタとしておもろいな」

がスタートでしたが、

俺が誰よりもよく知っている木下を使わない手はない！

そんな気持ちです。

ＹｏｕＴｕｂｅのチャンネルをスタートさせてから、多くのコメントを読みました。そこには僕が思ってもみなかった反応が数多く書き込まれていました。

「木本さんは意外に天然」

「イジられる木本さんがかわいい」

「木本さんの〝素〟はこうなんだ」
そこまで観てもらえるとは思いもしませんでした。そこにYouTubeのメリットを感じました。木下も含めて〝素〟の自分たちをきちんと表現できることです。テレビや、ゲストに呼ばれるYouTubeチャンネルでは、「おもろい部分」を判断して編集する権利は先方にあります。でも、僕らのチャンネルならば、それを100%自分たちの意図で見せられる。始めるまでは不安でいっぱいだったのですが、「新生TKO」を感じてもらうのに、これほど適した媒体はないと感じながら「おもろく」なるよう編集作業を頑張っています。

木本の戒め
54
自分のためだけに生きたっていい

55
〝手売りモンスター〟になって気づいた大切なもの

いま僕らは「周《まわ》るＴＫＯ」と題したツアーの真っ最中です。原点であるコントを見つめ直して、47都道府県のみなさんにこちらから「会いに行こう」というもの。新しいファンを獲得したいという願望がありました。しかし、チケットの売り上げが芳しくない地域もある。僕らは当初「たとえ10人ていどの集客でも、その人たちに響くコントができればいい」と考えていました。ただ、会場費やツアースタッフを含めた運営費を考えると、どの会場も満席にする必要がありました。

そこで、僕や木下が事前にチケットを手売りに行くことにしました。若手のときにも公演ごとにノルマがあって、それをさばかなければなりませんでしたが、それを誰よりもサボっていたのがＴＫＯでした。僕らには荷が重い〝営業〟だったのです。

最初の手売りは仙台《せんだい》でした。僕とＹｏｕＴｕｂｅの撮影スタッフで向かいました。事前に告知をしたところ、あるアパレルさんが場所を提供してくれました。そこそこ人が集まってくれていましたが、30分ほどですぐに波が途絶えてしまいました。僕らの知名度や集客力はそんなものなんだとへコみましたが、おめおめと帰れません。チケットを購入してくれたお客さんの伝手《つて》で商店街のお店を紹介してもらいます。居酒屋などにアポなしで突撃して、「ＴＫＯの木本です。仙台公演のチケットが余っているので手売りに来ました！」と声を張り上げて各テーブルを回り、どうにか完売にこぎつけることができました。

その後もＹｏｕＴｕｂｅによる告知や、その土地に縁《ゆかり》のある友人たちの支援を受けて、手売りを続けています。会場ごとに残枚数に上下はありますが、苦労しながら売るうちにだんだんと売り切るためのコツをつかめ、手応《てごた》えを感じるようになりました。一緒に回った木下は僕のことを〝手売りモンスター〟と呼ぶほどです。

手売りに行くと、その土地の商工会議所の方、勢いのある企業経営者の方から「何枚買えばいいの？」と聞かれ、残枚数を大量購入してくれることがあります。たいへんありがたいのですが、顔が見える相手に買っていただいたほうが、公演当日の熱気が違うことに気がつきました。ですから、たくさん買ってくださる会社でも、社員一人一人のお顔を拝見して手渡しする形にさせていただいています。

手応えを感じられる要因のひとつがメディア出演の影響です。僕らがＮｅｔｆｌｉｘの『トークサバイバー』、地上波の『水曜日のダウンタウン』や『全力！脱力タイムズ』など、お笑い好きが必ずチェックする番組で「自分をさらしきった」ことで、スキャンダルにまみれたＴＫＯを「おもろいな」と思ってもらえたのでしょう。手売りする各地で僕の顔を「『〇〇』の番組で見たで」とかなりの反響をダイレクトに受けることができたのです。

以前から僕らを知っている人も、そうでない人もいます。それでも、偶然の出会いによってチケットを買ってくださった方は、必ず会場に足を運んでくれます。「お笑いのライブ行くのは初めてだけど、おもろいものを見せてな」とか「必ず笑わせてな」という方も多く、期待感に溢《あふ》れています。会場が暗くなって出囃子《でばやし》が鳴ると会場から自然と拍手が湧き起こります。そこから明転して僕らが登場すると「待ってました！」とばかりに会場がワーっという歓声に包まれます。

そうなると、僕らも気分が高揚してコントのセリフもスムーズに出てくるようになります。さらには、思ってもみなかったアドリブまで飛び出すのです。逆に会場の熱気がいまひとつだと、「どうやってお客さんをノセようか？」などと、余計な心配が生まれてしまってコントに集中できなくなることもあります。

僕はそんな舞台に飛び込めたときに、「そうや、こういう盛り上がりを取り戻したかったんや」と幸せな気持ちになりました。僕らが『爆笑レッドカーペット』でブレイクした当時の熱狂を再び感じることができたからです。

一方で忘れてならないのは、サイトを通じてチケットを手に入れてくれた方々です。忙しい中、わざわざＴＫＯを観るために時間を割いていただけるのは、本当にありがたい。

そうしたお客さんのメリットはいまのところ「会場に先に入れる」だけ。感謝の気持ちをなんらかの形でお伝えする手段がないかと思案中です。

僕らは、サイト経由でも手売りでも、それぞれの土地で「応援心」を携えて来てくれた方たちを裏切ることがないように全力を尽くしています。ライブを終えた後に「ありがとうな」とおっしゃってくださるお客様の声がなによりの励みになっています。

なぜなら、「ありがとうございます」と伝えたいのは僕らの側なのですから。

木本の戒め 55

一期一会こそ幸福のみなもと

56 二人してTKOされたけど再挑戦の意欲は新人と同じ

三十数年前、大阪の片隅の工場地帯で出会った二人がTKOというコンビを組みました。

ご存じの方も多いでしょうが説明しますと、僕らは2人ともイニシャルがTKです。2人で芸能界をノックアウトしてやるという決意のもとに生まれたコンビ名です。

その名に反して、木下隆行は「パワハラ騒動」でテクニカルノックアウトをくらいました。木本武宏は「投資トラブル」で同様の事態になりました。この本の冒頭にも述べましたが、コンビの2人揃って強制退去のリングアウトを突きつけられたのは僕らくらいでしょう。

ありがたいことに、いろいろなところから「支援するよ」という声をいただき、再び揃ってリングに上がることができました。お互いに「もう二度と失敗しない」という気持ちで再スタートしました。

僕らの現在の大きな舞台はふたつです。ひとつは『TKOチャンネル』というYouTubeのコンテンツです。もうひとつが「周るTKO」と題した、47都道府県をくまなく周るコントツアーです。

YouTubeは、木下が松竹芸能を退所してから、個人で立ち上げていました。パワハラというやってはいけない問題を起こしてしまったのですが、彼は芸能界にとどまらない、すごい人脈を持っています。木下というキャラクターは唯一無二で、彼と交流するとその魅力に多くの人が惚《ほ》れてしまいます。そんなつながりから大物YouTuberのヒカルくんや、キングコングの梶原雄太《かじわらゆうた》（カジサック）くん、西野亮廣くんからありがたいアドバイスをいただきました。

おかげさまで、ちょっとずつですが登録者数、再生数とも数字を伸ばしています。50歳をすぎたおっさん2人のコンビとしては上々だと思っています。もちろん満足はしておらず、「もっとおもろいコンテンツを作るにはどうしたらええのやろ」と日々試行錯誤しています。

YouTubeでも、コントでもTKOとして「おもろい」ものを追求する姿勢は変わりません。ただ、僕たちは互いに〝どん底〟を経験したことで、自分たちの原点を見つめ直すことができました。それは、大東市のローラースケート場で2人が出会った瞬間です。木下も僕も、そのときの高揚感を取り戻せているような気がしています。

僕らは中途半端に売れてしまい「ときどき2人でコントして、それぞれ好きなことやっていこう」というスタンスに甘んじてしまいました。それによって、お互いの気持ちがバラバラになり、お互いが思いやりを失っていました。今回はそうならないよう、お互いに細かいところまで本音をぶつけ合っています。

そして、これまでのコンビの役割から一番変わったのが、木下です。コンビの責任を積極的に引き受けてくれています。そして、「木本をなんとかしてやらんといかん」という思いもわかりやすく表現してくれています。

そこで思い浮かべるのは、木下の思いやりです。

エピソード45で周囲からの「死ぬなよ」というメッセージが、僕を精神的に追い込んでいった話をしました。じつは、木下も「木本は死ぬかも知れへん」と、誰より憂慮していたそうです。けれど、彼は「死ぬなよ」という決定的な言葉を僕に伝えることはありませんでした。当時はそう考えていたと、ある番組でふと告白したのです。彼の話を聞いて僕は、「ああ、木下ってこんな男やった」としみじみと思い出しました。

　彼はその瞬間に自分が伝えたいことより、「きっと木本はいまこういう気持ちやろうな」という想像力を働かせて、万が一に陥らないように「自分の本意」を伝えることを我慢していたのです。木下自身の心配を解消するような言葉をけっして使わず、相手の気持ちを優先する。そうやって相手に寄り添うことができるのが木下隆行という男なんです。

彼の〝真意〟を知り、僕は改めて木下はかけがえのない存在であると思い直したのです。

　これは、出会った頃に僕が木下に惚れた気持ちに近いもの。当時は、僕が木下を、彼が僕を常にリスペクトしていました。なんだか、最近では仲がよすぎて、二人だけでいると照れ臭くなって、お互い黙り込んでしまうくらいです。つき合いたての恋人同士のような関係を取り戻せているので、僕らは毎日を楽しくすごしています。

　その新しい関係を、みなさんにも伝えたい。コンビでしくじったって、またリングに上がって闘えるということを証明したい。タオルを投げられたって、そこで終わらない。そんな決意があります。コントツアーと同時に「TKO47サポートクラブ」というオンラインサロンを立ち上げました。僕らは参加してくれる人たちを「セコンド」と呼ばせてもらっています。僕らを温かく見守ってくれる存在です。彼らの存在が僕たちを支えてくれています。だから、僕たちはもう〝TKO〟を喰《く》らう心配はない。そんな決意で日々を送っています。

木本の戒め 56 ダウンしたって何度でもチャレンジを続ける

おわりに

ちっさな僕の経験談を、どのように感じられましたか？

いまの自分の、嘘偽りのない本音で書いてみました。

「じぶんアホやなあ」「じぶんやっぱりちっさい男やなあ」と、改めて感じました。ただ、起こってしまったできごとの中で、自分なりに精一杯に対処してきて現在があります。大きな救いになったのは、親友で相方の木下隆行と、妻やきょうだいという家族の存在でした。もちろん、ここで触れきれないほど多くの方々の支援にも感謝の言葉を伝えたいです。ありきたりな言葉になってしまいますが、「僕らＴＫＯは人から生かされているんだ」と感じる日々です。


そんな、しくじりをした僕の書籍を読んでいただいた方に、はっきりと強くお伝えしたい。

「あなたもきっと大丈夫」

これも、一般論として語っていいかどうかはわかりませんが、失敗をした人は、結果として失敗してしまっただけで、果敢に〝挑戦〟をしたゆえに現在があると思います（これは自分の投資トラブルに関しては当てはまらないかもしれませんが）。挑戦は一人ではできません。そこには、多くの助け、支えてくれる人がいるはずです。もし、挑戦が失敗したとしても、それが無謀《むぼう》なもの、独りよがりなものでない限り、非難、糾弾《きゅうだん》をするあなたのサポーターは一人もいないと僕は思っています。

僕はチャレンジをして頑張ったけど、うまくいかなかった人に寄り添いたい。

本文中にも書きましたが、僕は僕の言葉を信じてくれる人たち全員と、それぞれの共通項を通じてお互いに幸福な感情をシェアしたいのです。こればかりは、事務所を辞めざるを得ないくらいの「しくじり」をした後でも、信条として引っ込めるつもりはありません。自分でもやっかいな性格に育ってしまったと思うところですが。ただ、その「性格の使い道」をこれからの人生で、少しでもプラスに向けていければと思っています。

ＴＫＯとしてＹｏｕＴｕｂｅチャンネルを立ち上げてから、たくさんのコメントをいただきました。「47都道府県コントツアー　周るTKO」でのクラウドファンディングにも多くの支援をいただいています。ツアーの裏側を見せるオンラインサロンの「TKO47サポートクラブ」でも同様に、とても温かいメッセージが日々溢《あふ》れています。ほかにもX（旧Twitter）やSNSのDMでも数え切れないほどのメッセージをいただきました。そこには、「自分も地獄にいます」「転落中です」など、僕と同じ状況（もしかしたらもっと辛《つら》い境遇にいらっしゃるかもしれません）の人たちからの切実な声がありました。辛い日々を送っているのは僕だけではない、と感じました。そして、「強く生きなければ」というモチベーションになりました。

さらには、どうしようもなくおせっかいな僕が、勝手に思いを強くしたことがあります。転落をきっかけに、僕の生き方に注目してくれる人たちに、なんとかありのままの気持ちを伝え、その人たちの現状に寄り添いたいという願いです。

さまざまな事情があり、DMをいただいた方に木本武宏個人として直接メッセージをお返しすることはかないません。ですので、僕の思いをできる限りの「熱量」で伝えるべく、文章に魂を込めました。少しでも多くの方に、僕のメッセージが届くことを祈っています。もし、あなたの気持ちになにかしら響くような言葉があったならば、TKOのオフィシャルサイトやＫＡＤＯＫＡＷＡのサイトに、ぜひ率直なご意見を寄せてください。僕は、すべてのメッセージに目を通します。そして、これからも苦しんでいる人たちのほんの少しでも助けになれればと思っています。

末筆になりますが、この書籍を提案していただいた、ＫＡＤＯＫＡＷＡの本田《ほんだ》拓也《たくや》さん、東洋経済オンラインの連載時からお世話になっている、フリーランス編集者の髙杉《たかすぎ》公秀《きみひで》さんに感謝申し上げます。

そして最後に、かけがえのない相方の木下隆行、トラブルが収束する前から寄り添ってくれた、９ＺＬａｂｏの河合基宏さんをはじめとするスタッフ、そして木本家のみんなに最大限のリスペクトを贈りたいと思います。

ありがとう、そしてこれからもよろしく。

２０２４年2月

ＴＫＯ　木本武宏

制作協力　株式会社９ＺＬａｂｏ
ブックデザイン　出田 一（ＴｗｏＴｈｒｅｅ）
撮影　タイコウクニヨシ
ヘアメイク　田中裕子

本書は書き下ろしです。

TKO 木本武宏（ティーケーオー きもと たけひろ）
1971年５月６日生まれ。大阪府大東市出身。90年に木下隆行とお笑いコンビ「TKO」を結成しツッコミを担当。2006年に東京へ本格的に進出し、キングオブコント３位などの実績を残す。ドラマやバラエティなどでも活躍していたが、22年７月に投資トラブルが発覚し活動休止。23年１月に記者会見を開き活動を再開した。同年８月より47都道府県すべてを周る全国ツアー「周るTKO」を開催しているほか、YouTubeチャンネル「TKOチャンネル」「TKO木本武宏のキモトゥーブ２」でも活躍中。

おいしい話《はなし》なんてこの世《よ》にはない
どん底《ぞこ》を見《み》たベテラン芸人《げいにん》がいまさら気《き》づいた56のこと

2024年４月12日　初版発行

著者／ＴＫＯ《ティーケーオー》 木本武宏《きもとたけひろ》
構成／髙杉公秀《たかすぎきみひで》
発行者／山下直久
発行／株式会社KADOKAWA
〒102-8177　東京都千代田区富士見2-13-3
電話　0570-002-301（ナビダイヤル）

印刷・製本／大日本印刷株式会社

●お問い合わせ
https://www.kadokawa.co.jp/（「お問い合わせ」へお進みください）
※内容によっては、お答えできない場合があります。
※サポートは日本国内のみとさせていただきます。
※Japanese text only

定価はカバーに表示してあります。

ISBN 978-4-04-114011-6　C0095